돌파해서 살아남아라

일과 가정을 동시에 변화시키는 코칭

BREAK THROUGH THE INSANITY

돌파해서 살아남아라

마크 사나 지음 | **김주민** 옮김

클라우드나인

미국 브레이크스루 코칭팀과
기업가 조직EO 포럼 그리고 무엇보다
우리 가족에게 진심으로 감사한다.

나는 이 책을 번역하는 동안 내 안에서 일어나는 변화에 놀라지 않을 수 없었다. 저자인 마크 사나Mark Sanna는 나에게 코칭을 해주는 멘토이자 스승이다. 한국에서 척추를 교정하는 의사로서 병원을 운영하며 많은 한계를 느끼던 차에 무작정 미국 도수치료학회에 참가하게 되었다. 그리고 그곳에서 많은 것들을 보게 되었고 지금까지의 병원 운영에 많은 문제가 있었음을 깨닫게 되었다. 그러나 거기까지였다. 문제가 있다는 것은 알았지만 그것을 변화시킬 능력도 없었고 용기도 없었다. 그냥 그렇게 운영하면서 어떻게든 버티려고 했다. 그러나 내가 피했던 문제들은 항상 다른 패턴으로 다시 돌아왔다.

결국 나는 변화가 필요했고 예전에 다녀왔던 미국 도수치료학회에서 받은 잡지가 생각이 났다. 잡지를 뒤적이던 중 브레이크스루 코칭Breakthrough Coaching 시스템을 알게 되었고 메일을 보냈다. 미국 브레이크스루 코칭 회사에서는 처음엔 내가 보낸 메일을 스팸메일이라고 생각했다고 말했다. 한 번도 소개한 적이 없는 한국에서 연락이 왔으니 의심할 만도 했다. 그렇게 몇 번을 메일을 주고받으면서 내가 한국의 의사임을 신뢰하게 되었고 코칭이 시작되었다. 그 이후로 정말 많은 변화가 일어났다. 그 변화는 절대 혼자서는 이뤄낼 수 없는 가치 있는 것이었다. 나는 변화 단계마다 대처법을 하나씩 코칭받았다. 마치 시험을 치기 전에 답안지를 받은 기분이랄까? 문제들이 생기기도 전에 이미 발생할 상황과 그 대처법까지 알려주는 것이 너무 신기했다.

이후 다시 미국을 방문해 마크 사나를 직접 만나면서 확실히 깨달았다. 이 모든 방법을 알고 있는 것은 당연한 것이었다. 마크 사나는 카이로프랙틱 창시자인 팔머의 첫 번째 제자의 아들이었던 것이다. 그는 그동안 미국에서 일어난 척추교정 병원과 관련된 모든 상황을 알고 있었고 모든 것을 매뉴얼화하고 코칭 시스템을 만들었다. 그러다 보니 미리 모든 상황을 알 수 있었던 것이다. 이 책은 마크 사나와 그의 브레이크스루 코칭의 가치가 담겨 있다. 단순히 병원을 운영하는 방법이 담긴 책이 아니다. 이 책을 통해 본인의 가치를 다시 깨닫고 변화를 받아들이고 문제를 해결해갈 능력과 용기를 가질 수 있게 되기를 바란다.

나 역시 그를 통해 변하지 않을 것만 같았던 나의 그릇이 깨지고 새로운 그릇으로 거듭나는 경험을 했다. 증거가 없으면 믿지 않던 나의 고정관념을 여지없이 깨준 마크 사나에게 감사드리며 이 책을 끝까지 완독하여 변화에 능동적으로 적응하고 본인의 것으로 만드는 능력을 갖추는 놀라운 일이 일어나기를 바란다.

김주민
더웰스의원 대표원장
한국 의학 도수치료 연구회 협회장

첫 번째 책인 이 책에서 내 생각을 체계적으로 정리하고 나서 거의 20년이 지났다. 그동안의 세월은 경이로운 여정이었다. 나는 그동안 영광스럽게도 배려심이 깊은 사람들과 함께 일할 수 있었다. 그분들의 공헌에 대단히 감사드린다.

현대사회는 변화와 속도가 과거 어느 때보다 가속화되고 있다. 예전에 나는 기업을 운영하는 의뢰인들에게 5년 전과 똑같은 일을 하고 있다면 이미 뒤처지고 있는 것이며 머지않아 사라질 것이라고 독하게 자문하곤 했다. 그러나 오늘날의 변화 속도를 고려한다면 그 말은 바뀌어야 한다. 만약 작년과 똑같은 일을 계속한다면 여러분은 이미 변화 곡선에 뒤처져 있는 것이다.

나는 언제나 변화를 잘 수용하고 적응하는 사람이었다.

이런 기질 덕분에 잘 버텨왔고 호황이든 불황이든 상관없이 발전할 수 있었다. 내가 이 책을 쓰게 된 것은 같은 자리에 머무르면서 변화하지 않는 무모함을 버리고 새로운 변화에 발맞춰서 본인을 개조하고 시스템을 만들어갈 방법을 체계적으로 알려주기 위해서이다.

이 책에서는 여러분을 지원하는 멘토링과 믿을 수 있는 또래 집단에서 얻을 수 있는 혜택을 설명하는 데 몇 장을 할애했다. 나는 본받고 싶은 리더의 삶을 실천한 멘토들을 높이 평가한다.

무엇보다 무조건적인 사랑을 베푼 우리 부모님 줄리어스와 나오미 사나Julius and Naomi Sanna에게 감사한다. 여동생 수잔 드리소Susan DeRiso와 제니퍼 그레이엄Jennifer Graham에게 고맙다. 이들의 사랑과 존중은 내 소중한 보물이다. 30년 동안 지지와 사랑과 멋진 추억을 선사한 로널드 로젠Ronald Rosen에게 고마움을 전한다.

패티 라소사Patty LaSorsa, 데브라 번치Debra Bunch, 토니아 애그뉴Tonia Agnew, 제프리 레윈Jeffrey Lewin, 모건 멀리컨Morgan Mullican, 폴 렌티니Paul Lentini, 그리고 웬디 리Wendy Lee의 재능과 열정이 없다면 브레이크스루 코칭은 존재하지 않았을 것이다. 여러분의 헌신과 매일 고객에게 전하는 서비스에 감사한다. 여러분은 진정 드림팀이다. 신뢰와 존중과 협력의 관계를 통해 무엇이 가능한지를 몸소 입증한 모든 의뢰인에게 고마움을 표한다.

내 멘토이자 파트너인 조지 고클러George Gaukler에게 특별히 감사의 말을 전한다. 그의 조언과 통찰력은 브레이크스루 코칭이 지금과 같은 중요한 조직으로 건재할 수 있는 밑거름이 되었다. 내게 영감을 주고 필요할 때마다 내 곁에 있어준 내 영혼의 형제 테리 요첨Terry Yochum에게 고맙다. 언제나 틀에 박힌 사고에서 벗어나도록 격려한 진정한 공상가 제프리 미스코Geoffrey Miscoe에게도 고마움을 전한다.

마지막으로 기업가 조직EO, Entrepreneurs Organization의 모든 동료 회원에게 감사한다. 여러분은 내게 세계적인 시각을 선사하고 신뢰와 존중의 진정한 의미를 가르쳤다. 여러분의 도움으로 나는 리더 중의 리더가 되는 법을 배웠다.

여러분 모두에게 감사한다!

마크 사나

변화를 통제하려고 하지 말고 변화에서 배워라

알베르트 아인슈타인이 남긴 명언이 있다. "똑같은 일을 반복하면서 다른 결과를 기대하는 것은 미친 짓이다." 우리는 습관과 태도와 활동의 어떤 패턴에서 안전이라는 환상을 창조한다. 스스로 창조한 '현실' 속에서 편안함과 안전함을 느낀다. 익숙지 않은 습관, 태도, 활동을 하게 되면 그 안전감이 위협을 받는다. 변화는 불명료함이라는 불안과 불확실성이라는 불편한 감정을 일으킨다.

권하건대 모든 일을 '그저 괜찮은' 상태로 유지해야 한다는 생각을 버리고 변화를 수용하라. 만반의 준비를 마쳐야만 변화할 수 있는 것은 아니다. 통제하기보다는 유연하고 개방적으로 변화를 수용하는 태도를 실천해야 한다. 항상 했던 일을 하면 항상 얻었던 결과를 얻을 것이다! 끊임없이 배우는 태도를 보여라. 삶이 끈질긴 스승이 될 수 있다. 삶은 우리가 삶의 교훈을 단번에 배우지 못하면 이해를 돕고자 같은 일을 반복한다. 삶에 변화를 많이 허용할수록 한 인간으로서 그리고 리더로서 더욱 성장할 것이다. 변화를 수용하면 삶에 새로 발견한 힘을 불어넣을 수 있다. 변화를 삶의 자연스러운 일부로 먼저 수용하면 평온, 평화, 용기를 얻을 수 있다. 삶의 여러 가지 문제와 상황 때문에 흔들릴 때도 변화가 여러분을 망치지 않는다는 사실을 받아들여야 한다.

변화를 통제하려고 애쓰기보다는 변화에서 배워라. 과거의 경험이 반드시 미래의 가능성과 동일한 것은 아니다. 모든 성공담은 끊임없는 적응과 수정과 변화의 이야기이다. 긍정적인 변화를 일으키는 것이 브레이크스루 코칭의 핵심 가치이다. 변화는 기존 현실과 맞서 싸우는 것이 아니다. 변화를 수용하고 변화에서 배우고 향상될 때 변화는 더 이상 적이 아니라 스승이 된다. 바라건대 이 책에 담긴 개념들을 통해 진심으로 변화하고 싶다는 마음이 들면 좋겠다. 마가렛 미드Margaret Mead의 말을 빌자면 "몇몇 사람이 관심을 둔다고 세상이 바뀌는 않는다고 생각지 마라. 사실 세상을 바꾼 사람은 그들뿐이다."

차례

1장 나는 남들과 무엇이 다른가? · 19

2장 결국 성공은 멘탈에 달려 있다 · 29

3장 기업문화가 없으면 직원들은 떠난다 · 39

4장 속도, 커뮤니케이션, 관계 · 49

1장

나는 남들과 무엇이 다른가?

태어날 때부터 독특한 당신이 왜 남을 따라 하는가?
―닥터 수스, 작가 겸 일러스트레이터

　기업가가 직원을 채용할 때는 그 사람의 특징을 보고 선택을 한다. 단순히 그 사람의 학벌이나 외모만으로 뽑는 것이 아니라 일을 하는 데 적합한 재능을 가졌는지 따져보는 것이다. 따라서 여러분은 본인의 개인 성격과 특성 등을 스스로 정확히 이해하고 그것을 상대에게 잘 표현할수록 성공할 가능성이 커진다. 하지만 대부분의 사람들은 자신에게 어떤 특징이 있는지조차 모르는 경우가 많다. 이때 필요한 것이 '나'에 대한 이해이다. 왜 내가 이러한 성격과 특징을 가지게 되었고 나는 어떤 사람이고 무엇을 중요시하는 사람인가? 그것이 나에 대한 관점이자 가치관이다. 그것을 먼저 아는 것이 중요하다.

나의 관점은 나의 브랜드가 될 것이고 삶의 방향을 정하게 될 것이다. 그것은 이 세상에 당신은 유일한 사람이고 당신만이 할 수 있는 일이 있다는 것, 즉 나만의 브랜드가 있다는 것이다. 이것은 중력의 법칙 같은 자연의 법칙과 같다. 예컨대 물은 높은 곳에서 낮은 곳으로 흐른다. 이 법칙을 이용하면 댐을 지어서 수력발전을 할 수가 있다. 하지만 그 원리를 알지 못하면 홍수가 발생할 수도 있다. 나의 브랜드 원리도 마찬가지다. 나만의 브랜드를 알면 내 삶에 이용할 수있다. 그러나 그렇지 못하면 오히려 그 성향은 나를 힘들게 할 수도 있다.

나만의 브랜드는 어떻게 생기는가?

그것은 당신의 어린 시절부터 시작된다. 부모에게 칭찬을 받았던 행동은 더욱 강화되고 벌을 받았던 행동은 피하게 된다. 그러한 경험을 통해 사람은 칭찬을 받기 위해 더 노력하게 되고 그것을 성공이라고 생각한다. 따라서 그 상황과 조건하에서 일어난 행동 패턴들은 당신의 행동을 한 방향으로 강화시키게 된다.

이러한 패턴이 바로 당신의 성향, 즉 브랜드를 만들어내게 된다.

캐시의 브랜드는 믿을 수 있는 사람이 되는 것이다

캐시 G.Kathy G.는 정치인의 집안에서 자랐다. 그녀의 아버지는 지방의 유명 정치인이었는데 보기와는 다르게 뒤에서 여러 가지 추악한 수법들을 쓰고 발뺌하고 거짓말을 일삼았다. 그러한 패턴들을 보면서 자란 그녀는 그러한 것에 혐오를 느끼고 결국 십 대 때 집을 나와 곧바로 독립했다.

그러던 그녀는 일을 시작하게 됐는데 일하는 데 있어서 신뢰가 가장 중요하다고 생각했다. 즉 캐시는 어떤 일자리에서건 자신이 어린 시절 목격했던 아버지와 달리 전적으로 믿을 수 있는 사람이 있다는 것을 세상에 증명하고 싶었던 것이다. 현재 그녀는 직원이 수백 명에 이르는 컨시어지 여행 서비스 회사의 소유주이다. 그녀의 브랜드인 신뢰는 여행 서비스를 제공하는 데 정확하게 맞아떨어진 것이다.

캐시의 브랜드는 예전과 달라지지 않았다.

하지만 그녀는 이제 자신의 성향을 정확히 알고 인정한다. 그녀는 신뢰를 최고로 생각하는 브랜드라는 걸 알게 된 순간 성향을 활용했고 사람들에게 인정받았고 성공하게 되었다. 만약 그녀가 자신의 성향을 정확히 알지 못했다면 여전히 뒤에 숨어서 외톨이 생활을 했을지도 모른다. 그녀는 여전히 친구를 많이 사귀지 않고 도심의 밤보다는 집에서 보내는 조용한 밤을 더 좋아한다.

하지만 그녀가 삶을 바라보고 살아가는 방식은 놀랄 만큼 달라졌다. 자신의 성향을 알게 되었기 때문에 자신이 신뢰를 받고 권한을 부여받을 수 있는 사람임을 알게 되었고 그 신뢰를 바탕으로 하는 서비스 업체의 장이 되었다.

자신의 브랜드를 알면 비로소 세상의 이치가 이해되기 시작한다

캐시와는 사뭇 달랐지만 닉 RNick R. 역시 힘든 어린 시절을 보냈다. 아주 사소한 실수나 잘못만 저질러도 알코올 중독자였던 아버지의 심기를 건드려서 결국 호된 꾸지람을 듣거나 아니면 매질을 당해야 했다. 학교 수업을 마친 후나 친구들과 놀다가 집에 돌아오면 몇 초 안에 아버지의 상태를 판단하는 법을 일찌감치 터득했다.

닉은 아버지를 피하기 위해 최대한 집 밖에서 버텼다. 그런 한편 평화를 지키기 위해서라면 무슨 일이든 마다치 않앉다. 몇 시까지 집에 와야 한다는 지시를 받으면 시계를 런 던 그리니치 표준시간으로 맞추고는 디지털 다이얼이 정확한 시간을 가리킬 때까지 현관 밖에 앉아 있곤 했다. 그런 다음 1분 이르거나 늦게 집에 들어서면 몇 초 안에 아버지가 얼마나 취했으며 매질을 피하려면 어떻게 처신해야 하는지를 파악해야 했다. 순전히 살아남기 위해 이 분야의 전문가가 된 것이다.

닉의 브랜드는 복잡한 상황을 받아들이고 해결하는 사람이 되는 것이다

현재 닉은 디지털 마케팅 기관의 팀 리더인데 회의와 전략 계획 세션에서 기둥과 같은 존재이다. 어마어마한 양의 데이터와 정보를 받아 분류하고 합리적인 해결책을 제시하는 그의 능력은 신기할 정도이다.

자신의 브랜드를 알면 어렵고 복잡한 문제를 해결할 수 있다

이제 닉의 '왜why?'는 힘든 상황에서 매를 피하는 방법에서 가치 있는 일을 위해 매일 어려운 문제들을 해결해내는 훌륭한 도구로 바뀌었다.

자신의 브랜드를 정확히 아는 것은 빛을 밝히는 것과 같다
모든 일은 자신의 브랜드를 정확히 아는 것부터 시작된다.

당신의 브랜드를 간단하게 써보자

간략하게 어린 시절의 어떤 경험으로 그런 성향이 생겼는 지 한 번 써보자. 그 성향을 이용하여 어떤 것들을 해낼 수 있을지 한 번 써보자.

1. _____

   _____

   _____

2. _____

   _____

   _____

3. _____

   _____

   _____

실천 단계를 작성한 다음에는 여러분의 우선순위에 맞 춰 재배열하라.

2장

결국 성공은
멘탈에 달려 있다

골프와 사업의 공통점은
결국 멘탈로 승부가 결정된다는 것이다.
ー아놀드 파머, 골프 선수·기업가

골프와 사업에서 성패를 좌우하는 것은 문제 자체가 아니
라 우리가 그 문제에 대해서 어떻게 생각하고 대처하는 가
이다. 골프를 치다가 실수할 수 있다. 그러나 그 실수에 대
해 빨리 잊고 대처하는 사람과 그 실수 때문에 실망하고 분
노하는 사람은 천지차이의 결과를 만들어낸다.

폭발하지 마라

우선 첫 번째 단계로 문제가 발생했을 때 자신의 감정을
컨트롤할 수 있는 것이 중요하다.

충동적으로 흥분하여 사태를 망치지 않는 것이 중요하다. 몇 번을 얘기해도 고쳐지지 않는 팀원을 보면 화가 나게 마련이다. 그러한 경우 감정을 자제하지 못하고 큰소리를 치고 분통을 터트리게 된다.

이렇게 분통을 터트리고 나면 일시적으로 해소되는 것 같지만 사실은 어떤 것도 해결되지 않는다. 이성적으로 선택해 긍정적인 대안을 낼 수도 있었던 문제를 망치게 되는 것이다. 분노는 다른 사람의 분노를 일으키고 해결책을 찾는 데 방해가 된다.

충동적으로 흥분하지 마라. 크게 한 번 심호흡하고 배에 힘을 주어 복부를 긴장시켜라. 당신의 의지에 따라 켜고 끌수 있는 내면의 스위치를 만드는 것이 중요하다. 당신은 문제가 생기는 걸 모두 막을 수는 없지만 그에 대한 반응은 통제할 수 있다.

모든 문제는 디딤돌이다

어느 날 한 농부의 당나귀가 우물에 빠졌다. 농부가 어떻게 해야 할지를 고민하는 동안 당나귀는 몇 시간이나 소리높여 구슬프게 울었다. 마침내 농부는 당나귀가 노쇠했고 어차피 우물을 메워야 하니 당나귀를 구하려고 애쓸 가치가 없다고 판단했다. 그는 삽을 집어 들고 우물에 흙을 퍼 넣기 시작했다. 당나귀는 사태를 파악하고 한껏 비명을 지르더니 잠시 후 잠잠해졌다.

농부가 몇 차례 더 삽질한 다음 우물 안을 내려다보았을 때 놀라운 일이 벌어지고 있었다. 당나귀는 삽질한 흙이 등에 떨어질 때마다 흙을 털어내고 한 발자국 올라섰다. 농부가 삽질을 계속하는 동안 당나귀는 흙을 털어내고 한 발자국 올라서기를 반복했다. 그리고 얼마 지나지 않아 우물 턱에 올라서서 보란 듯이 뛰어 올라왔다.

이 이야기에서 배울 수 있듯이 삶은 다양한 시기에 여러분을 향해 온갖 종류의 흙을 던진다. 우물에서 빠져나오려면 흙을 털어내고 발걸음을 내디뎌 올라서야 한다. 모든 문제는 디딤돌이다. 만약 당나귀가 흥분하여 날뛰기만 했다면 머지않아 묻혀버렸을 것이다. 그러나 흙을 털어내고 포기하지 않고 문제를 하나씩 해결해나갔기 때문에 살아날 수 있었다. 아무리 우물이 깊어도 빠져나올 수 있다. 흥분하지 말고 흙을 털어내고 한 걸음 올라서라!

시스템도 연습을 해야 완벽해진다

어떤 요리사에게든 본인이 가장 좋아하는 요리법이 있다. 정확한 비율과 순서에 따라 모든 재료를 혼합해서 적절한 시간 동안 구우면 언제나 완벽한 쿠키가 완성된다. 모든 성과는 그것을 성취하기 위해 완벽히 설계한 시스템의 결과물이다.

쿠키를 실제로 굽기 전까지는 요리법은 아무런 의미가 없다. 무언가를 잘하는 방법을 배우려면 연습이 필요하다. 마음을 통제하는 방법을 배우는 것도 마찬가지다. 감정을 컨트롤하려면 연습해야 한다. 자신이 쉽게 폭발할 수 있는 부분들에 대해 미리 알고 있어야 한다. 또한 그러한 부분에 약해지지 않도록 연습해야 한다. 감정을 폭발시킨다고 해서 해결되는 것은 아무것도 없음을 깨달아야 한다.

세상에는 다양한 문제들이 있으며 우리의 삶은 그러한 문제들에 영향을 받게 된다. 그러나 감당할 수 없는 문제는 없으며 어떤 도전이든 간에 직면해야 한다는 사실을 받아들여야 한다. 그렇게 되면 문제가 발생했을 때 본인이 대처할 수 있게 된다.

원하는 미래상이 되어라

삶을 바꾸고 싶은가? 그렇다면 그 원하는 미래상이 되도록 노력해야 한다. 이러한 변화에서 마법의 키는 바로 당신의 내면에 있다.

당신이 되고 싶은 사람이 된 것처럼 행동하라. 당신이 원하는 결과를 이미 거두고 있는 사람들을 찾아가 행동을 모방하라. 그들의 특징 중 하나는 긍정적인 생각과 행동이다. 그렇게 행동하라. 그러면 긍정적인 사람이 될 것이다. 삶을 위한 새로운 주문을 선택하라. "중요한 것은 내게 일어난 일이 아니라 그 일에 반응하는 방식이다."

그 누구도 매사에 부정적인 사람과 어울리기를 원치 않는다. 사람들은 긍정적인 태도를 보이면 대개 이끌린다. 당신이 한 말은 잊을지 모르나 행동은 잊지 않을 것이다. 대처하지 못할 도전은 없고 적응하지 못할 변화는 없으며 긍정적인 태도를 실천하지 않고 거둘 수 있는 성공은 없다.

삶을 통제하라

잠시 글 읽기를 멈추고 다음 작업을 해보자. 종이를 꺼내 놓고 가장 믿음직하고 책임감이 있는 사람들의 이름을 써보자. 공정하고, 믿음직하고, 솔직하고, 예의 바르며 사려 깊다고 믿을 수 있고 항상 노력하며 옳고 그름과 품위의 원칙을 아는 사람들을 적어보자. 만일 이 목록에 적힌 사람들이 자신의 목록을 만든다면 과연 당신은 올라 있을까? 그렇지 않다면 어떻게 해야 할까? 당신이 받은 가장 큰 선물은 바로 정신이다. 문제를 해결하며 기회를 이용할 수 있는 것은 누구도 뺏을 수 없는 당신의 정신 덕분이다.

삶에서 일어나는 사건에 대처하는 방식은 오로지 당신의 일상적인 생활방식에 따라 달라진다. 삶에는 언제나 예측이 가능한 몇 가지 요소가 있다. 그 가운데 한 가지는 변화이며 변화는 성장의 특징이다. 즉 언제나 성장하려면 변화가 있어야 하며 그 변화를 일으키는 것은 바로 당신의 정신이다. 이를 통해 당신의 삶을 통제할 수 있게 된다. 이것이 바로 변화이다.

성취하려면 우선 시작해야 한다

여러분은 아장아장 걸어 다닐 무렵 중력이라는 것을 느꼈을 것이다. 넘어지지 않고는 걸을 수 없다는 사실도 깨달았을 것이다. 한 발로 균형을 잡은 채로 오래 서 있는 것은 어려우며 넘어지지 않으려면 다른 쪽 발을 재빨리 내딛어야 한다는 것도 알게 되었을 것이다. 목표로 나아가려면 일단 첫 걸음을 내디뎌야 한다. 그것이 바로 삶의 원리이다. 삶을 바꾸려면 망설이지 말고 첫 걸음을 내디뎌야 한다.

삶이라는 게임은 당신에게 무한대의 시간을 보장해주지 않는다. 혹시 주변에 젊은 나이에 세상을 떠난 친구가 있는가? 당신이 가진 모든 것은 삶이 주는 선물이다. 삶에서는 기적과 비극 그리고 밀물과 썰물이 연속된다. 만약 당신이 삶이 선물이라는 것을 알게 되고 그 선물 안에서 살아간다는 것을 깨닫게 된다면 당신의 주위에 일어나는 일들을 바라보는 것이 달라지게 된다.

기억하라. 여러분이 삶을 선물로 생각하고 바라볼 때 더 좋은 변화들이 일어나게 된다.

멘탈 강화를 위한 원칙을 써보자

이 장에서 살펴본 대로 가정에서나 직장에서 실천하기로 결심한 세 가지 원칙을 목록으로 작성하라.

1. _____

_____

_____

2. _____

_____

_____

3. _____

_____

_____

실천 단계를 작성한 다음에는 여러분의 우선순위에 맞춰 재배열하라.

3장

기업문화가 없으면
직원들은 떠난다

고객을 만족시키려면 직원을 먼저 만족시켜야 한다.
―「자포스 컬처 북」

 어떤 병원이나 식당을 방문했을 때 문을 여는 순간 좋은 느낌을 받은 적이 있는가? 그에 비해 문을 열자마자 잘못 들어왔다는 느낌을 받은 적이 있는가?

 '우리 회사는 지금 어떤 느낌을 주는가?' 리더라면 기업의 크기를 막론하고 그 기업의 문화를 만들어가야 한다. 긍정적인 문화와 환경을 조성하는 기업은 지속 가능한 추진력을 가진다. 월급 때문에 어쩔 수 없이 출근하는 직원들을 원하는가 아니면 적극적으로 기업과 가치창출을 위해 출근하는 직원을 원하는가? 적극적으로 출근하는 직원을 만들기 위해 당신은 무엇을 하고 있는가? 재미가 있는 기업을 만들어야 한다.

　자포스의 펀 자포스 문화Culture of Fun Zappos는 재미 문화를 보여주는 좋은 사례이다. 자포스의 핵심 사업은 온라인 신발 판매이다. 이 사업에서 대성공을 거둔 자포스는 사업을 시작한 지 고작 10년이 지났을 때 수십억 달러를 받고 아마존에 매각했다. 그런데 아마존이 수십억 달러를 지불한 것은 자포스의 총수입이 아니라 기업문화 때문이었다. 자포스는 네바다 지역에서 판매와 서비스 담당 직원 수백 명을 고용해서 다음과 같이 교육했다. "우리는 고객서비스 부서이다. 그리고 그러다 보니 판매를 하기도 한다."

　자포스 직원들은 전화로 고객과 대화를 할 때 물건을 파는 것이 아니라 교류를 한다. 고객서비스 부서의 최장 통화 기록은 여덟 시간 반이었다! 자포스는 고객 중심 문화를 통해 고객에게 충성심을 얻고 관계를 맺은 후 판매를 성사시킨다. 자포스의 고객은 직원들에게 따뜻한 사랑을 느꼈고 그래서 그들의 모든 친구에게 소개시켜주고 물건을 사도록 도와주기까지 한다.

사우스웨스트 항공에서는 직원이 최우선이다

사우스웨스트 항공을 설립한 창립자 허브 켈러허Herb Kelleher는 문화가 기업의 순이익에 직접적으로 영향을 줄 수 있다는 것을 보여주었다. 사우스웨스트 항공은 구조 조정이 수시로 일어나는 어려운 분야에서 수십 년 동안 연속 수익을 냈다. 이 회사의 직원들은 대부분의 항공사에서 의무화하는 불편한 유니폼을 입지 않아도 된다. 그들은 브랜드가 찍힌 폴로셔츠, 카키색 바지, 운동화를 즐겨 입을 수 있다. 사우스웨스트 항공은 활주로에 다음과 같은 광고판을 게시해 자사 문화를 명확하게 전달했다. "사우스웨스트 항공에서는 고객이 최우선이 아니라 우리 직원이 최우선이다. 우리가 우리 직원을 올바르게 대하면 우리 직원이 고객을 올바르게 대할 것이기 때문이다."

버진 항공의 리처드 브랜슨은 치어리더이다

버진 항공의 기업가 리처드 브랜슨 경Sir Richard Branson이 소유한 기업은 수백 개에 이른다. 브랜슨 경에게 어떻게 그렇게 많은 기업을 관리하느냐고 질문했을 때 다음과 같이

대답했다. "핵심은 사람이다. 식물과 마찬가지로 사람에게
도 자양분을 주어야 한다. 사람들을 칭찬하고 재미있게 만
들어라!" 브랜슨의 말에 따르면 치어리더라는 말이 언젠가
부터 리더로 축약되었다. 리더십에 '치어'를 포함시켜야 할
때가 왔다.

매력적인 기업문화를 설계해보자

매력적인 기업문화를 설계하는 3단계가 있다.

1단계, 규칙적이고 지속적인 직원 인정 시스템을 구축하
라. 인정을 지나치게 받았다고 불평하는 직원을 본 적이 없
다. 노트를 책상에 꺼내놓고 '당신은 내게 세상과도 같은 존
재다.'라는 간단한 메모를 직접 써서 개인적으로 전달하라.
매주 일정한 수의 메모를 적는다는 목표를 정하고 책임지
고 달성하라. 개인적인 메모에 관한 흥미로운 한 가지 사실
을 전하자면 사람들은 그런 메모를 영원히 간직한다. 메모
를 적어준 지 몇 년이 지났는데 팀원의 책상에서 메모를 발
견하더라도 놀라지 마라! 'PSR', 즉 계획Planning, 즉각적인
인정Spontaneous Recognition'을 실천하라.

2단계, 훌륭한 커뮤니케이션 시스템을 창조하라. 회사의

비전을 생생한 색상으로 그린 그림처럼 팀원들에게 전달하라. 매력적이고 감동적인 비전을 모든 팀원과 자주 공유하라. 모든 사람에게 "우리가 함께 이룬 성과를 보라."라고 말하라. 강력한 비전이 있으면 어려운 시기를 헤쳐나갈 수 있다. 비전은 사업가에게 우여곡절을 헤쳐나갈 내면의 힘을 만들어준다. 매일 팀원들에게 여러분의 비전과 목적을 공유하라.

사우스웨스트 항공의 허브 켈러허는 다음과 같이 말했다. "일단 비전을 품었다면 그 비전으로 회사가 어떤 식으로 수익을 거두고 그 과정에 개인이 수행해야 할 역할은 무엇인지 공유하라."

사우스웨스트 항공에서 수익을 거두는 방식은 비행기를 이륙시키는 것이다. 비행기는 지상에 바퀴를 두고 있을 때가 아니라 바퀴가 공중에 떠 있을 때만 돈을 번다. 사우스웨스트 항공 직원들에게 비행하고 있는 것이야말로 고용 안정과 승진 그리고 재정적으로 안정된 미래를 의미한다. 재정 상태가 엉망인 다른 항공사 승무원들은 비행기가 착륙해서 청소 담당 직원이 객실을 청소할 때까지 기다리는 반면 사우스웨스트 항공 승무원들은 비행기가 착륙하기 전에 직접 청소하는 것은 그 때문이다.

3단계, 팀원의 개인적인 발전과 전문적인 발전에 초점을 맞추어라. 직원들이 여러분의 회사에서 계속 일하면서 경력을 쌓으려면 '여기에 나에게 이익이 되는 것이 무엇이 있을까?'라는 질문의 해답을 찾아야 한다.

경제 상황이 어려울 때 문화가 훨씬 더 중요해진다. 한 연구결과에 따르면 직원 가운데 3분의 2가 근무하는 회사가 마음에 들지 않으며 경제 상황이 호전되면 곧바로 떠날 계획이라고 답했다.

권한 부여 프로세스를 마련하라

직원들에게 권한을 줘라. 마치 회사의 주인이 된 것처럼 느끼도록 기업 환경을 조성해야 한다. 모든 것을 위에서 지시하는 것이 아니라 직원이 선택하고 본인의 권한을 가질 수 있게 해야 한다.

중요한 것에 초점을 맞추어라

왜 좋은 기업문화를 만들지 못할까? 그 이유는 중요한 것보다는 급한 것에 매달리다가 그 결과 저조한 성과를 거두

게 되기 때문이다. 직원을 인정해주고 비전을 나누는 커뮤
니케이션을 하며 일정의 권한을 부여하는 것은 급하지는 않
지만 매우 중요하다. 문제 해결의 열쇠이다.

연구원 존 코터John Kotter는 좋은 기업문화를 만들기 위해
노력하는 기업들을 대상으로 연구를 했다. 이렇게 좋은 기
업문화를 만들려고 노력하는 기업은 순수입이 756% 증가
했다. 반면에 적극적으로 문화를 만들려고 노력하지 않은
기업의 성장률은 고작 1%에 지나지 않았다.

버진 항공, 사우스웨스트 항공, 자포스같이 좋은 문화를
가진 기업을 벤치마킹하라. 그리고 직원이 만족하는 재미있
는 문화를 만들어라. 그러면 그만한 보상이 따라올 것이다.

기업문화를 만들기 위한 원칙을 써보자

이 장에서 살펴본 대로 가정에서나 직장에서 실천하기로
결심한 세 가지 원칙을 목록으로 작성하라.

1. _____

_____

_____

2. _____

_____

_____

3. _____

_____

_____

실천 단계를 작성한 다음에는 여러분의 우선순위에 맞
춰 재배열하라.

4장

속도, 커뮤니케이션, 관계

삶은 12단 기어 자전거와 같다.
한 번도 쓰지 않는 기어들이 많다.
—찰스 M 슐츠, 풍자만화 작가

자전거를 탈 때는 길의 경사도나 상태에 따라 기어를 바꾸면서 타면 훨씬 편하게 탈 수 있지만 대부분은 비슷한 기어만 사용한다.

기업도 마찬가지다. 기업가들은 시장의 여러 상태에 따라 사업 방식에 변화를 주어야 한다. 시대가 변했다는 데는 의문의 여지가 없다. 한때 성공했던 기업이 이제 고객을 유치하고 보유하기 위해 안간힘을 쓴다. 멋진 무언가를 창조할 목적으로 시작했으나 그저 생존하기에 급급한 기업이 많다. 현재의 위치와 신뢰도를 유지하고 궁극적으로 성공하려면 변화해야 한다.

급변하는 트렌드를 주도하기 위해선 기업가가 변화를 수용해야 한다. 변화를 기업문화의 한 요소로 삼아야 한다. 실제로 소비자 시장의 발전이 가속화되고 있다. 그래서 다윈이 남긴 다음과 같은 말이 과거 어느 때보다 더 의미심장해졌다. "살아남은 종족은 가장 강한 종족도 아니고 가장 지적인 종족도 아닌 환경 변화에 가장 잘 적응하는 종족이다."

속도가 빨라져야 한다

새로운 패러다임은 기업가들에게 변화 속도를 더 올리라고 한다. 기업은 효율성을 높여야 한다는 압박을 받고 있으며 그 압박이 사그라질 기미는 보이지 않는다. 참을성이 없는 고객과 치열해지는 경쟁이 과거 어느 때보다 크게 기업을 좌지우지한다. 현재 세계 대부분의 지역이 경험하는 이례적인 경제 확장의 주된 요인은 지식과 속도이다. 여러분의 잠재 고객은 과거보다 더욱 똑똑하고 빠른 속도로 일을 처리하고 있다. 따라서 여러분도 그래야만 한다!

어떤 사업에 종사하든 상관없이 고객에게 가장 소중한 자산은 사실 시간이다. 성공한 기업은 시간에 민감하게 반응하며 다양한 종류의 제품과 서비스를 전달하는 법을 깨우

쳤다. 기업 리더들은 고객에게 전달하는 서비스 목록에 다양한 상품을 통합해가고 있다. 이를테면 요즘은 패스트푸드 프랜차이즈에 들어선 고객이 한 공간에서 다양한 선택을 할 수 있다. 도넛, 아이스크림, 프라이드치킨 콤비네이션 매장이 일반적인 현상이 되었다. 여러분이 몸담은 업계의 제품이나 서비스도 통합하면 더 많은 소비를 이끌어낼 수 있지 않을까?

이 질문의 해답을 찾으려면 기업가가 '흐름'을 완전 정복해야 한다. 흐름이란 고객에게 서비스를 전달할 수 있는 속도를 말한다. 정기적으로 기업을 분석해 '능력 장애capacity blocks'는 없는지 파악해야 한다. 능력 장애란 기업에서 제품과 서비스를 전달하는 과정의 장애를 의미한다. 이 능력 장애는 기업의 성장과 확장에 중대한 걸림돌이 된다. 오늘날 교육 수준이 높은 고객(여러분의 고객)은 편리함을 요구한다. '첫째도 위치, 둘째도 위치, 셋째도 위치'가 부동산 업계의 주문이듯이 비즈니스의 새로운 패러다임은 '첫째도 편리함, 둘째도 편리함, 셋째도 편리함'이다. 고객은 원스톱 쇼핑을 요구하며 그들에게 중요한 시간은 '지금'이다. 시간에 민감한 방식으로 다양한 서비스에 대한 요구에 더욱 즉각적으로 반응하는 회사일수록 더욱 급속하게 고성장으로 향할 것이다.

고객의 시간 요구에 대처하기 위해 혹독하게 노력해야 한다. 급성장하는 기업은 업무 흐름을 분석하면 고객의 니즈에 더욱 효과적으로 대처할 수 있음을 깨닫는다. 대부분의 기업에는 다른 기업보다 생산성이 더 높은 특정한 시간이 있다. 가장 바쁜 근무 시간을 분석해 흐름의 마찰을 찾아내라.

정기적으로 고객 만족 조사를 실시하면 능력 장애를 해결할 소중한 정보를 풍부하게 얻을 것이다. 물에서 헤엄치는 물고기가 물을 인식하지 못하듯이 회사에서 일하는 사람은 회사의 문제점을 잘못 느낄 수 있다.

전문 코치의 도움을 받으면 문제점을 객관적으로 분석하고 시스템의 흐름을 촉진시킬 방법을 발견할 수 있다.

고객 커뮤니티를 육성해야 한다

현명한 기업은 단순히 소비자의 요구에 대응하는 수준에 그치지 않는다. 세상은 지극히 빠르게 움직이고 있으며 소비자는 대개 자신이 다음에 무엇을 원할지를 알지 못한다. 기업은 고객이 앞으로 일어날 변화와 혁신을 예상하도록 도와야 한다. 그저 '고객 주도적인' 것만으로는 충분치 않다.
기업이 고객을 주도해야 한다.

고객과의 관계가 탄탄하게 형성되면 공동체 의식이 조성
되고 그 결과 신규 고객과 기존 고객이 연결되어 의견을 공
유할 장이 마련된다. 이메일, 문자, 블로그, 전자 뉴스레터
의 형태로 고객 커뮤니티와 정보를 공유할 수 있다.

또한 페이스북, 인스타그램, 유튜브, 블로그를 통해 고객
과 좀 더 밀접한 관계를 유지할 수 있다. 기업은 정기적으
로 매일, 매주, 혹은 격주로 감동과 동기와 정보를 제공해
야 한다. 그럼 고객은 자발적으로 기업 커뮤니티와 접촉하
게 될 것이다.

관계가 가치 창조 네트워크를 형성한다

미래 지향적인 기업은 새로운 일련의 도전에 직면한다.
고품질의 서비스를 효율적으로 전달하는 것만으로는 충분
하지 않다. 기업이 빈번한 커뮤니케이션을 통해 고객과 탄
탄한 관계를 맺는 것도 마찬가지다.

기업이 발전하려면 가치 창조 네트워크가 필요하다. 고
객은 물론이고 전략적 제휴 파트너와 밀접한 관계를 형성

해야 한다. 세계 정상급 기업은 고객의 니즈를 파악하고 예상하며 훌륭하게 대처하는 중매인의 역할을 수행할 것이다. 그러려면 고객의 선호와 우선순위에 맞춰 자사와 전략적 제휴 파트너의 자원을 통합해야 한다. 아울러 제휴 기업과 전문가들로 구성된 네트워크와 탄탄한 관계를 맺어야 한다.

기업 소유주와 관리자가 자사의 제휴 파트너와 협력하고 전반적으로 네트워크를 최적화할 방법을 깨달아야만 그런 관계가 형성된다. 가치 창조 네트워크를 개발하는 것은 고객과 접촉하는 것은 물론이고 제휴 기업과도 지속적으로 소개를 주고받는 관계를 맺기 위해서이다. 소개는 상호적인 관계이다. 여러분이 나를 도우면 내가 여러분을 돕는다.

여러분에게 독특한 제품이나 서비스를 제공하는 단골로 삼은 거래처가 있을 것이다. 그러면 여러분과 똑같이 고객도 그 거래처로부터 고품질 서비스를 경험하고 싶을 수 있다. 한편 거래처는 여러분의 고객 기반을 소개받고 싶어할 것이다. 이때 전략적 제휴를 맺으면 여러분의 고객을 다른 기업에 소개할 수 있다. 이처럼 여러분의 네트워크에 속하는 특별한 사람들을 다른 기업과 공유함으로써 기존 고객에게 더 많은 가치를 부가하고 서비스를 제공할 수 있다.

전략적 제휴의 기본 개념은 상호성이다. 따라서 거래처

의 소유주 역시 자사의 고객을 여러분에게 소개할 수 있다. 나는 8~10개 기업과 전략적 제휴를 맺는 것이 바람직하다고 생각한다. 그러면 그들이 여러분과 거래하고, 전화에 즉시 답하고, 단번에 제대로 일을 해내고, 공정한 가격을 제시하고, 훌륭한 고객서비스를 제공할 것이다.

전략적 제휴 파트너와 정기적으로 만나라. 한 달에 한 번 스카이프Skype나 구글 행아웃Google Hangout을 이용하거나 이른 아침 조찬이나 커피를 나누면서 직접 만나서 서로를 지원할 가장 효과적인 방법을 의논하라. 이때 전략적 제휴 파트너와의 디지털 커뮤니케이션에 고객을 정기적으로 참여시키는 것이 좋다. 한 달에 한 번 정도면 충분하다. 여러분이 고객에게 주는 부가가치로 고객이 이용할 수 있는 '최고 중의 최고' 자원을 제시할 수 있다.

매달 한 곳을 정해 전략적 제휴 파트너를 중점적으로 소개한다. 이를테면 한 기업의 기업 소유주가 누구이며 어떤 다양한 서비스를 제공하는지 소개하는 글을 게시한다. 여러분의 고객에게 전략적 제휴 파트너가 가치 있는 특별 서비스나 할인을 제시할 수 있다. 여러분의 고객에게 언제나 특별한 서비스를 제공하리라고 확신할 수 있는 파트너라야 한다. 조금이라도 의심스러운 파트너라면 제외시켜라!

전략적 제휴 네트워크에서 소개할 만한 회사를 매주 생각하라. 이때 그들이 여러분에게 사람들을 소개하고 회사 발전에 기여하듯이 여러분도 그들의 사업에 기여할 것을 목표로 삼아야 한다.

내 고객 가운데 스포츠 퍼스널 트레이닝 회사의 소유주가 있다. 그녀는 영양사, 퍼스널 트레이너, 척추 지압사와 전략적 제휴를 맺었다. 이 제휴 네트워크에 속한 사람들의 사명과 목적은 동일하다. 고객의 입장에서 보면 얼마나 훌륭한 서비스와 가치인가. 제휴의 핵심은 상호성이다.

'지금'보다 더 적절한 시기는 없다

새로운 경제에는 흥미진진하고 도전적이며 가치 있는 과제가 넘치도록 많다는 사실은 부인할 수 없는 진리이다. 여러분은 똑똑하고 부지런하고 재능 있는 기업가이다. 그런데 기업이 변화하지 못하거나 변화하려 하지 않는다면, 혹은 변화해야 할 필요성조차 느끼지 못한다면 어떨까? 비록 시기는 적절하지만 엉뚱한 장소에 있는 것일지도 모른다. 미래 지향적인 기업가가 기업을 업계의 최전선으로 몰고 가는 트렌드를 이용하기에 '지금'보다 더 적절한 시기는 없다.

여러분의 기업은 과연 이 호황의 한몫을 차지할 수 있는가? 새로운 경제의 흐름의 기회를 지나치지 마라. 진정 성공하고 싶다면 바로 지금 행동하라.

속도, 커뮤니케이션, 관계를 위한 원칙을 써보자

이 장에서 살펴본 대로 가정에서나 직장에서 실천하기로 결심한 세 가지 원칙을 목록으로 작성하라.

1. _____

   _____

   _____

2. _____

   _____

   _____

3. _____

   _____

   _____

실천 단계를 작성한 다음에는 여러분의 우선순위에 맞춰 재배열하라.

5장

유능한 리더의
8가지 특성

효과적인 리더십이란 중요한 일을 가장 먼저 하는 것이다.
그리고 효과적인 경영이란 그것을 실천하는 것이다.
–스티븐 코비

스티븐 코비의 『성공하는 사람들의 여덟 가지 습관』을 읽을 때 나는 작가의 말에 공감했다. 코비의 말을 바꿔 옮기자면 "매니저는 시스템을 관리하지만 훌륭한 매니저는 기업이 원활하게 운영되고 변화에 재빨리 반응할 수 있는 효과적인 시스템을 창조하고 평가하고 유지하고 개선한다."

또한 "리더는 사람들을 이끌지만 훌륭한 리더는 그들의 비전을 공유하고 팀원의 의견에 귀를 기울이고 통제권을 포기하고 솔선수범한다." 다음은 내가 생각하는 성공적인 리더십의 특성인데 당대 최고의 재계 리더라고 생각되는 사람들을 직접 관찰한 결과를 토대로 정리한 것이다.

첫째, 방향을 제시하는 리더십

나는 고객들과 일을 시작할 때 월간 행동단계, 3개월 목표, 1년 목표, 3년 목표를 먼저 알려달라고 요청한다. 이때 멍한 표정으로 어깨를 들썩이는 고객의 모습을 마주하는 경우는 드물지 않다.

훌륭한 리더는 단순히 목표를 아는 것에서 끝나지 않고 정기적으로 팀원들에게 전달한다. 자신만 목표를 알고 있는 것이 아니라 함께 목표를 공유하고 팀원들에게 도움되는 그 무엇이 우리 회사에 있다는 것을 명확히 전달하는 한편 필요한 경우엔 경로를 변경할 수 있도록 돕는다.

둘째, 솔선수범하는 리더십

내가 지켜본 바로는 미래 지향적으로 사고하는 기업에는 '무대 뒤'라는 표지가 붙은 문들이 있다. 이런 기업의 리더는 팀원들에게 무대 뒤와 무대 위는 다르다는 메시지를 전달하고 있다. 우리는 무대 위에 있을 때 개인적인 감정은 접어두고 청중의 욕구를 충족시키는 것이 목적임을 잊지 않는다. 기업 리더의 책임도 이와 다르지 않다. 스트레스가 쌓이거나, 우울하거나, 화가 나거나, 다른 부정적인 감정을 느끼더라도 팀원들 앞에 있을 때는 그런 기분을 드러내선 안 된다. 그러면 회사의 분위기에 영향을 미치는 것은 물론이고 팀원들이 여러분의 행동을 그대로 따라 해도 무방하다는 의미로 해석될 수 있다.

팀원들이 항상 지켜보고 있음을 잊지 마라.

셋째, 코칭하는 리더십

코칭의 한 가지 목적은 팀에게 업무 방식을 가르치고 각자 처한 독특한 환경에 배운 것을 적용할 방법을 보여주는 일이다. 코칭은 또한 개인의 책임과 의지할 수 있는 대상을 알려준다. 탄탄한 훈련 시스템을 마련하면 팀원들이 본인의 업무를 배우고 효과적으로 업무를 수행할 시기를 파악할 수 있다. 정기적으로 발전을 스스로 점검하고 향상하도록 지속적으로 감독하고 피드백을 제공하라.

넷째, 경청하는 리더십

십중팔구 여러분보다 팀원들이 여러분의 사업에 대해 더

많이 알 것이다. 시간을 내 팀원들의 의견을 들어라. 사실 수익은 회사에서 쏟아져나오는 것이 아니라 '틈'을 통해 새어나온다. 회사 시스템과 여러분의 행동에 대한 팀의 의견에 귀를 기울이지 않으면 결코 이 틈을 발견할 수 없다.

다섯째, 묵인하지 않는 리더십

종종 기업 소유자를 대할 때와는 달리 팀원들을 존중하지 않거나 무례하게 대하는 고객이 있다. 이때 여러분이 이의를 제기하면 대개 팀원들에 대한 행동을 바꾸거나 아니면 거래를 끊을 것이다. 어떤 경우든 여러분은 팀원들의 존경을 받을 것이다. 반면 그런 고객의 행동을 묵인한다면 지금껏 팀원들에게 제공했던 훌륭한 서비스 지향적인 교육이 순식간에 수포로 돌아갈 것이다.

고객, 팀원, 공급업체, 그리고 회사의 물리적인 환경에서 존중하지 않는 행동을 발견하고 묵인하는 일이 없도록 하라.

여섯째, 인정하는 리더십

어떤 면에서 보면 우리는 모두 좋든 나쁘든 간에 자신의 욕구와 필요를 충족시키기 위해 일한다. 대부분의 사람들이 그렇다. 하지만 힘든 하루와 바삐 돌아가는 한 주를 마무리 할 때 단 한 명의 고객이라도 여러분의 노고에 감사한다면 세상의 돈을 전부 주어도 아깝지 않을 것이다. 사람은 누구나 진심으로 인정받고 싶어한다. 여러분도 예외가 아니다!

누구든 본연의 임무를 훌륭하게 수행했다면 즉시 고맙다고 말하는 습관을 길러라. 언제나 서로 예의를 지키는 기업 문화를 조성하라.

일곱째, 자신을 관리하는 리더십

여러분이 피곤하거나 녹초가 되면 팀 전체가 괴로워진다. 여러분의 에너지가 고갈되면 팀원들은 고용 안정을 걱정하고 그러면 사기가 떨어진다. 여러분의 능력, 지식, 혹은 태도가 뒷걸음질친다면 팀원들 역시 빠릿빠릿하게 움직이지 않고 설렁설렁 일할 것이다. 여러분이 무심한 것처럼 보이는데 팀원들이 굳이 그럴 이유가 있겠는가?

가장 유능한 리더는 몸과 마음 그리고 영적인 면에서 자신을 관리한다. 직장생활과 가정생활의 균형을 잘 맞출 시간을 충분히 계획하라.

여덟째, 영감을 불어넣는 리더십

위대한 리더는 주변 사람들에게 자기 일신보다 더 중요한 무언가에 헌신하도록 영감을 불어넣는다. 팀원들에게 기술과 능력을 극대화시키고 무엇보다 능력을 신장해 성장하도록 영감을 불어넣는다. 나는 지금껏 삶을 좀 더 풍요롭게 살고 싶게 동기를 부여하며 영감이 충만한 조직을 창조한 기업계 리더들을 직접 만나는 기쁨을 만끽했다. 진정한 리더십의 핵심은 밝은 미래를 위한 희망을 심어주는 것이다.

위에서 살펴본 다양한 리더십 유형에 맞는 적합한 시기와 환경이 있을 것이다. 하지만 내 생각에 위대한 리더에게는 이런 특성들이 예외 없이 항상 존재한다. 기업을 운영하면서 매일 수행해야 할 일에 사로잡히다 보면 리더의 모습을 보이는 것이 얼마나 중요한지를 자칫 잊기 쉽다.

여러분의 내면에 위대함의 씨앗이 자리하고 있을 뿐만 아니라 경험, 일관적인 행동, 그리고 흔들리지 않는 명확한 목적이 있음을 보여줘라. 그럼 여러분을 따르는 사람들에게 세상을 지속적으로 바꾸도록 영감을 줄 수 있다는 것을 명심하라.

리더십의 실천 원칙을 써보자

이 장에서 살펴본 대로 가정에서나 직장에서 실천하기로 결심한 세 가지 원칙을 목록으로 작성하라.

1. _____

_____

_____

2. _____

_____

_____

3. _____

_____

_____

실천 단계를 작성한 다음에는 여러분의 우선순위에 맞춰 재배열하라.

6장

당신의 회사를 위한 산소

기술 전문가가 되는 것보다 더 중요한 것은
관계를 맺고 쉽게 다가갈 수 있는 사람이 되는 것이다.
– 라즐로 복, 구글 인사담당 부사장

여러분의 리더십 능력뿐만 아니라 직원과 경영진의 성과
를 향상시킬 때 구글의 힘을 어떻게 활용할 수 있을까? 구
글이 시행한 프로젝트에서 몇 가지 유용한 것을 얻을 수 있
다. 일명 프로젝트 옥시전Project Oxygen이라는 사업이었다.
구글플렉스Googleplex에서 수행했던 이 프로젝트는 최신 검
색 알고리즘을 발견하는 일보다 회사의 미래에 훨씬 더 중
요한 의미가 있었다. 이 프로젝트에게 맡겨진 임무는 리더
를 발전시키고 팀을 강화하는 일이었다.

프로젝트 옥시전 팀은 세계 최고의 데이터 마이닝을 이용
해 피드백 조사, 업무 평가, 최고 관리자 후보자 지명 현황

을 분석했다. 칭찬과 불만과 관련된 수천 건의 데이터 포인
트에 등장하는 여러 단어에서 특정한 패턴을 발견하고 성공
하는 리더들의 일련의 습관을 정리했다. 하지만 그것은 구
글이 그렇게 오랜 시간이 걸려 얻었다는 사실이 믿기지 않
을 만큼 너무나 뻔한 결과였다.

구글의 7가지 습관

팀을 위한 명확한 비전과 전략을 세워라. 팀원들에게 귀
를 기울여라. 결과 지향적인 태도를 취하라. 습관 항목은 여
기에서 그치지 않는다. 이 항목들은 구글판 성공하는 리더
의 7가지 습관이라고 불러도 무방할 것처럼 보인다.

프로젝트 옥시전 팀이 중요도의 순서대로 리더의 습관 항
목을 나열하자 상황은 더욱 흥미로워졌다. 구글에서는 창립
이후 줄곧 리더가 소프트웨어 개발팀에게 간섭하지 않는 경
영 방식을 택했다. 진전이 없을 때만 팀원들이 리더에게 도
움을 청했다. 리더는 애초에 탁월한 전문 지식 덕분에 경영
진의 위치에 오른 사람이었으니 말이다. 많은 기업 소유주
에게 '그들이 나를 찾지 않으면 간섭하지 마라'는 이미 익숙
한 접근 방식일 것이다.

직원들이 가장 중요시하는 습관

구글이 발견한 바는 성공하는 리더의 습관을 나열한 목록에서 전문 지식은 하위권에 속했다. 직원들은 1대 1 면담을 위한 시간을 계획하는 공평한 리더를 높이 평가했다. 이런 리더는 답변을 강요하기보다는 질문함으로써 부하직원이 문제를 해결하도록 도왔고 직원의 경력과 생활에 관심을 보였다. 이 사실에서 중요한 교훈을 한 가지 발견할 수 있다. 팀원들은 쉽게 다가갈 수 있고 자신들과 개별적으로 관계를 맺는 리더의 능력에 높은 가치를 둔다. 팀원들에게 도움이 필요할 때 반드시 곁에 있어라.

프로젝트 옥시전 팀은 아울러 리더십이 직원 보유에 미치는 영향도 조사했다. 그 결과 직원들이 일반적으로 다음 세 가지 가운데 한 가지 이유로 회사를 그만둔다는 사실을 발견했다. 첫째, 회사의 사명에 공감하지 못하거나 본인이 수행하는 업무가 중요하다고 느끼지 못할 때이다. 둘째, 동료들을 존경하거나 좋아하지 않을 때이다. 셋째, 리더가 형편없다고 느낄 때이다. 그중에서도 형편없는 리더가 다른 어떤 요인보다도 직원의 생각에 더 큰 영향을 미치는 것으로 나타났다. 따라서 리더십 기술이 팀의 역량에 미치는 영향은 매우 중요하다고 할 수 있다.

최고의 리더가 이끄는 팀이 더 좋은 성과를 거두고 팀원 보유율이 더 높으며 팀원은 무슨 일이든 더 훌륭하게 수행했다. 이 결과를 토대로 구글은 회사에서 통제할 수 있는 가장 중요한 요소가 리더의 자질임을 깨닫고 다음과 같이 고민했다. '어떻게 하면 리더를 더 훌륭하게 만들 수 있을까?'

성공하는 리더의 7가지 습관

구글은 프로젝트 옥시전의 결과를 이용해 리더들을 코칭하기 시작했다. 코칭을 시작하자 가장 저조한 성과를 보이던 리더조차도 큰 폭으로 향상되는 것이 보였다.

예를 들면 구글의 어떤 팀의 팀원들이 그 팀의 리더를 경멸하는 것처럼 보였다. 그는 팀원들을 너무 혹독하게 몰아붙이는 스타일이었다. 팀원들은 그를 독단적이고 오만하며 음흉하다고 생각하며 그만두고 싶어했다. 리더는 고압적인 태도로 말미암아 원하던 승진에서 누락되었고 그의 팀의 관리 방식에 문제가 있다는 피드백을 받았다. 구글에서는 그에게 프로젝트 옥시전 원칙에 따라 1대 1 코칭을 실시했다. 6개월이 지나 조사를 실시했을 때 팀원들은 그 리더가 크게 개선되었다고 인정했다.

프로젝트 옥시전은 팀 리더의 성공에 반드시 필요한 7가지 습관을 발견했다. 이 교훈을 여러분 회사의 리더십 기술에 적용하라.

1. 훌륭한 코치가 되어라. 그러려면 팀원들에게 구체적이고 건설적인 피드백을 제공하고 부정적인 피드백과 긍정적인 피드백의 균형을 맞추어야 한다. 유능한 리더는 팀원과 정기적으로 1대 1 면담을 가지고 각 팀원의 독특한 장점에 맞는 문제 해결책에 대해 대화를 해야 한다.

2. 팀을 사사건건 관리하지 말고 권한을 부여하라. 그러려면 팀원에게 재량권을 허용할 경우와 리더가 팀원에게 조언과 지침을 제공할 경우의 균형을 맞추어야 한다. 이를테면 이때 리더는 팀원에게는 능력을 신장할 수 있는 임무를 맡기고 자신은 더 큰 문제에 대처하는 접근 방식을 택하는 것이다.

3. 팀원의 성공과 개인의 행복에 대한 진심어린 관심을 표현하라. 팀원에게는 사생활이 있다는 사실을 인정하라. 그러면 새로운 팀원은 환영받는다고 느끼고 팀에

쉽게 적응할 것이다.

4. 생산적이고 결과 지향적인 사람이 되어라. 여러분이 원하는 팀의 성과와 그 성과를 거둘 수 있도록 직접 도울 방법에 초점을 맞추어라. 팀원들이 업무의 우선순위를 정하도록 돕는 한편 협력해서 걸림돌을 제거하라.

5. 뛰어난 소통가가 되어 팀원의 의견을 경청하라. 훌륭한 커뮤니케이션은 쌍방 도로이다. 경청하는 동시에 정보를 공유해야 한다. 팀원들을 회의에 참여시키면 커뮤니케이션이 더 원활해질 것이다. 그러면 팀원들은 회사의 전반적인 목표를 성취하기 위해 각자 어떤 역할을 수행해야 하는지를 파악하기가 쉽다. 팀 회의를 개최할 때 허심탄회하게 대화를 나누도록 격려하고 팀원들의 문제와 걱정거리를 귀담아들어라.

6. 팀을 위한 명확한 비전과 전략을 세워라. 그러면 한창 혼란스러울 때라도 팀원들이 목표와 목표를 성취할 전략에 계속 집중할 수 있다. 팀의 비전을 수립하고 발전시키는 한편 비전을 향해 전진하는 과정에 팀을 참여시켜라.

7. 팀에게 조언하기 위해 필요한 정보를 반드시 확보하

라. 그러려면 책상 놀음을 계속하지 않아야 하며 소매를 걸어붙이고 필요할 때면 팀원들과 나란히 일해야 한다. 그러면 팀원들이 회사에서 맡은 임무를 수행할 때 직면할 특정한 도전들을 파악할 수 있다.

이 7가지 습관은 단순하며 이 습관을 익히기 위해 성격까지 바꿀 필요가 없다는 점에 주목하라. 다시 말해 리더가 더욱 유능하게 거듭나기 위해서는 팀원들의 성과를 향상시키고 더욱 행복해지기를 바란다면 시간을 투자하고 일관성을 유지해야 한다. 구글이 중요시하는 리더십 능력을 기준으로 여러분의 리더십 기술을 평가하라. 습관으로 자리잡을 때까지 리더십 기술을 정기적으로 연습하라.

리더십 향상을 위한 원칙을 써보자

이 장에서 살펴본 대로 가정에서나 직장에서 실천하기로
결심한 세 가지 원칙을 목록으로 작성하라.

1. _____

_____

_____

2. _____

_____

_____

3. _____

_____

_____

실천 단계를 작성한 다음에는 여러분의 우선순위에 맞
춰 재배열하라.

7장

자석같이 끌어당기는 기업 창조하기

끌어당김의 법칙에 따르면 여러분이 어떤 것에 집중하고, 생각하고, 관련된 글을 읽고, 진지하게 이야기를 나누면 여러분의 삶에 더 많은 것을 끌어당길 것이다.

—잭 캔필드, 작가

자석 같은 에너지는 행동하고 실현해내고 기업을 성공시키는 데 필요한 열정을 불러일으킨다. 이는 최고의 기업가들에게 공통으로 나타나는 특성이다. 작가 스티븐 코비는 『성공하는 사람들의 7가지 습관』에서 진심이 담기지 않은 기술은 얄팍하고 피상적이며 반짝 성공에 그칠 뿐이라고 밝혔다. 그의 7가지 습관 가운데 3가지는 성실함과 개인의 능력을 발전시키는 것과 관계되어 있으며 진정성을 갖지 못하면 자석 같은 에너지는 발휘할 수 없다.

진정한 관계를 만들어라

자석은 직접 움직여서 금속성 물체를 붙잡지 않는다. 고객이 여러분을 찾아와서 연결될 때는 단순히 여러분이 무엇을 하는 것이 중요한 것이 아니라 여러분이 누구인가가 중요하다. 웹사이트나 광고 혹은 명함을 보고서 연락하는 고객이 있을 것이다. 하지만 한두 번에 그치지 않고 지속적으로 여러분을 찾게 되는 것은 단순히 일 때문만은 아니다. 여러분이나 여러분의 회사에서 느끼는 관계 때문이다.

자석에는 양극이 있다. 한쪽 극은 당기고 다른 한쪽 극은 밀어낸다. 만나자마자 즉시 호감을 느낀 사람이 있었는가? 곧바로 끌린다고 느꼈던 사람 말이다. 반대로 고객이 나를 밀어낸다고 느낀 적이 있었는가? 어서 빨리 다음 고객으로 넘어가고 싶은 마음이 간절했을 것이다!

상대가 당신을 만났을 때 끌리게 하라. 순간적인 가식이나 거짓으로는 불가능한 일이다. 매 순간 솔직하고 진실하게 표현해야 한다. 작은 일 앞에서는 순간적으로 가식적인 인격을 보여줄 수 있지만 중요한 순간엔 자신 본연의 인격이 드러나는 경우가 많다.

자석 같은 기업을 만들려면 여러분은 고객이나 팀원과 맺는 관계의 모든 면에서 진실되어야 가능하다.

자석 같은 장소를 만들어라

어떤 레스토랑을 자석처럼 만드는 것은 무엇일까? 음식이나 가격이나 실내장식만은 아니다. 여러분이 어떤 레스토랑(혹은 다른 회사)의 단골이 되면 직원들이 대개 여러분을 알아본다. 여러분이 무엇을 좋아하는지 기억한다. 한가족이라는 느낌이 든다. 여러분은 그들의 배려를 느끼며 무엇보다 그들이 어떤 것을 제공해줄지 기대할 수 있다.

디즈니 테마 파크는 사람들을 어린 시절부터 어른이 될 때까지 해마다 그곳으로 불러들인다. 사람들이 좋아하고 더 경험하고 싶은 무언가가 그곳에 있기 때문이다. 여러분의 회사는 특별한 경험을 선사하는가? 여러분의 회사를 찾거나 전화나 온라인으로 직원들과 교류하는 고객이 어떤 감정을 느끼는가? 고객이 그곳에 있다는 사실을 기분 좋게 느끼는가? 반면 여러분이 가고 싶은 장소에는 여러분의 회사에 적용하고 싶은 어떤 매력이 있는가?

자석 같은 팀을 결성하라

자석이 많을수록 끌어당기는 힘이 더 크다. 팀원 전체가 함께 끌어당기고 있는지 확인하라. 핵심적인 일의 순서를 체계화하는 데 초점을 맞추고 그것을 연습하라. 자신이 어떤 사람이며 어떤 일을 하는지를 확실히 이해하도록 해야 하며 고객과 교류하며 즐겁게 지내게 하라. 자신이 전달하는 서비스와 제품에 주인의식을 가지게 하라.

자석 같은 회사의 리더는 많은 일에서 실수를 저지르지 않는다. 그들은 모든 만남을 살피고 고객과의 관계를 강하게 할 기회를 극대화한다. 일관성의 원천은 시스템과 절차이다. 확신은 철저한 준비에서 시작된다. 자신이 무슨 일을 수행하며 자사가 전달하는 혜택은 무엇이며 왜 그것이 중요한지 이해하고 그 가치를 전달할 수 있어야 한다. 세부적인 점검표를 이용하여 모두가 그 절차를 정확히 이행할 수 있도록 연습시켜라.

단골 레스토랑의 웨이터가 여러분이 원하는 음식을 기억하는 것은 메모해두었기 때문이다. 고객의 개인적인 선호와 특별한 행사를 입력하라. 그들의 배우자, 아이들, 심지어 애완동물의 이름까지 기록하라.

사람 같은 회사를 만들어라

한 가지 연습을 해보자. 여러분의 회사를 사람으로 묘사한다면 어떤 성격의 소유자일까? 고객에게 어떤 종류의 사람처럼 보일까? 재미, 에너지, 활동, 열정의 느낌을 풍기는가? 만일 그렇지 않다면 배터리를 재충전해야 할 때인지도 모른다!

충전의 시간을 충분히 가져서 에너지를 되찾아야 한다. 본인이 활력을 잃었다면 다른 사람에게 자석 같은 사람이 될 수 없다. 업무 시간을 계획할 때만큼 정성들여 충전 시간을 계획하라.

헨리 포드Henry Ford가 말했듯이 "기업이 오로지 돈만 버는 것은 형편없다." 고객과 팀원을 위한 남다른 경험을 창조하는 일에 초점을 맞추어라. 여러분의 에너지와 열정이 회사를 성공의 자석으로 만들 것이다!

수시로 인정하라

마지막으로 "잘했다."라는 말을 들어본 적이 언제였던가? 업무를 훌륭하게 수행했다는 피드백을 받으면 자신과 수행한 과업에 대해 뿌듯함을 느낀다. 팀 전체가 인정에 참여하면 인정과 보상은 마치 축하용 샴페인처럼 탁월함이라는 거품을 직장 전체에 불어넣을 것이다. 팀원들을 인정하는 것은 그저 좋은 일에 그치지 않는다. 그것은 높은 성과를 거두고 훌륭한 업무 환경을 조성하는 과정의 필수적인 단계이다. 팀 리더와 팀원이 모두 인정을 주고받을 때 모든 사람이 성공한다!

인정 문화를 창조하라

향상과 성취를 인정하는 것은 팀원의 성과 수준을 높일 때 없어서는 안 될 요소이다. 여러분이 솔직하게 칭찬하면 진심으로 동료들의 노력을 높이 평가한다는 의미가 전달된다. 인정하는 행위에는 전혀 시간이 들지 않지만 그 혜택은 오랫동안 지속된다. 그뿐만 아니라 인정받은 행동은 더욱 강화된다. 우리가 기울인 노력이 높이 평가된다고 느낄 때 십중팔구 계속해서 최선을 다할 것이다.

사람들은 인정받는다고 느끼면 자존감도 높아지고 자신의 능력에 대한 믿음이 더욱 커진다. 자존감이 높은 사람은 앞으로 최고의 팀원으로 거듭날 것이다. 팀원 개개인이 회사의 전반적인 성공에 중대한 공헌자라고 느낄 수 있는 인정의 문화를 창조하라.

그러면 어려운 상황에서도 팀원이 최고의 모습을 끌어내고 자존감을 높일 수 있다. 고객이 바람직하게 행동하지 않는 경우도 많다. 여러 가지 이유가 있을 것이다. 예를 들어 일상생활에서 스트레스를 받아서일 수도 있다. 서비스 제공 역시 스트레스를 받을 수 있다. 까다로운 고객을 돕는 일은 반드시 필요하지만 쉽지 않은 업무이다. 탁월한 팀원이 그런 일을 하고 있다면 스트레스를 해소하도록 돕고 적절한 시기에 칭찬과 인정의 말을 몇 마디 건네라. 그렇게 그의 공헌을 인정하라.

인정의 효과를 극대화하라

인정의 효과를 극대화할 수 있는 몇 가지 유익한 방법이 있다.

개개인에게 맞는 메시지를 전달하고 구체적으로 인정하라. 인정받아 마땅한 어떤 특별한 일을 했는가? 특정한 행위나 행동을 미리 생각해두면 대화 초반에 그 점에 초점을 맞출 수 있다. 상대방에게 어떤 일을 왜 훌륭하게 수행했는지 전달하면서 대화를 시작하라. 회사 전체에 그 일이 왜 중요한지를 전함으로써 메시지를 강화하라. 이를테면 다음과 같이 말한다. "오늘 당신이 스미스 부인과 반품 문제를 처리하는 말을 우연히 들었다. 자칫하면 회사 평판에 누를 끼칠 수 있었던 심각한 상황을 잘 처리했다."

자연스럽게 즉각적으로 인정함으로써 제때에 고마움을 표하라. 팀원이 긍정적인 성과를 거두면 그 자리에서 인정하고 고맙다고 말하라. 팀원은 이미 자신의 성과를 뿌듯하게 여기기 마련이다. 여러분이 제때에 인정하면 긍정적인 감정이 더욱 커질 것이다. 그러면 앞으로도 잘할 수 있다는 자신감도 높아질 것이다.

칭찬할 때는 조건을 붙이지 마라. 인정할 때는 '말끝의 독침'을 붙여서 인정하는 것을 망쳐버리는 일이 없어야 한다. "훌륭하다. 그런데⋯⋯"처럼 말한다면 인정의 효과는 모조리 사라진다. 비판을 덧붙이지 말고 칭찬하라. 비판은 다음 기회로 미루고 상대방이 성취감을 만끽하도록 기회를 주어라. 손으로 직접 쓴 글로 인정하는 방법도 바람직하다. 몇 년이 지난 다음에도 워크스테이션 벽에 손으로 쓴 감사의 편지가 붙어 있는 경우가 드물지 않다!

인정 효과

- 본인의 업무와 직장에 자부심을 가진다
- 본인의 공헌이 인정받는다고 느낀다
- 한층 더 노력한다
- 회사에 더욱 헌신한다
- 더욱 개방적으로 건설적인 피드백을 받아들인다
- 최고의 성과를 거두기 위해 노력한다
- 칭찬이 오고 가는 긍정적인 기업문화를 권장한다

공식 인정 선언문을 작성해 인정의 효과를 높일 수 있다. 이를테면 개인에게 이메일 인정서를 보내고 적절할 경우라면 나머지 팀원에게 복사본을 보낸다. 다른 팀원들이 지켜보는 자리에서 칭찬하라. 인간은 사회적 동물이다. 따라서 동료의 존중은 우리의 자존감에게 매우 소중한 강화 요소로 작용한다. 팀 회의나 비공식적인 모임에서 칭찬하면 인정의 효과가 더욱 커진다. 그뿐만 아니라 지켜보는 사람들에게는 언제 어떤 식으로 인정해야 하는지를 실례로써 보여줄 수 있다. 하지만 팀에서 인정을 주고받는 습관이 형성되지 않았다면 공개적으로 인정할 때 주의해야 한다.

천천히 안정적으로 시작해서 인정의 양을 꾸준히 증가시켜라.

인정에 인색하지 마라

여러 가지 요인이 합쳐져서 어떤 회사를 인정에 인색하게 만들 수 있다. 가장 일반적인 이유를 들자면 우리는 대부분 효과적으로 인정하는 방법을 배우지 못했다. 진심으로 인정하라. 그 칭찬을 토대로 팀원이 자신감을 얻을 때만 보상이나 인정이 효과를 거둔다.

개인과 팀의 노력을 모두 인정하라. 예컨대 한 팀원이 생산 목표를 초과 달성한 성과로 인정을 받는다면 그걸 도운 사람도 그 영광을 공유해야 한다. 높은 성과를 거둔 한 사람만 인정한다면 그밖에 공헌한 사람들이 실망하거나 불만스러워할 수 있다. 눈과 귀를 항상 열어 찾아내야 할 칭찬거리가 많다. 그뿐만 아니라 고객이나 팀원이 아닌 다른 사람들이 여러분의 팀을 인정하면 인정받은 당사자에게 그 사실을 알려야 한다.

팀원들이 서로의 노력을 즉시 인정하도록 권장하라.

인정을 자사 문화의 한 요소로 만들어라. 인정은 팀의 발전과 회사의 장기적인 성공에 지대한 영향을 미친다. 항상 인정할 공헌을 찾는 파수꾼이 되어라. "우리는 항상 일을 제대로 하는 서로의 모습을 포착하려고 노력하고 있다!"를 회사의 모토로 삼아라.

인정과 보상을 제공하는 방법

인정과 보상을 제공하는 방법과 관련된 몇 가지 단순한 아이디어를 소개하겠다.

- '끈끈한' 칭찬–포스트잇을 이용해서 고마움을 전하라.
- 브라보! 게시판을 만들어라.
- 인정 증명서를 수여하라
- 소셜 미디어 포스트에 어떤 팀원에 대한 '인정하는 글'를 실어라.
- 특별한 프로젝트나 의뢰에서 누군가 '구세주'가 될 때 명단을 계속 제공하라.
- 스타벅스 상품권이나 주유권은 언제나 환영받는다.

자석 같은 매력을 위한 원칙을 써보자

이 장에서 살펴본 대로 가정에서나 직장에서 실천하기로 결심한 세 가지 원칙을 목록으로 작성하라.

1. _____
   _____
   _____

2. _____
   _____
   _____

3. _____
   _____
   _____

실천 단계를 작성한 다음에는 여러분의 우선순위에 맞춰 재배열하라.

8장

쉽고 부담도 주지 않는 판매 비법

그 어느 때보다 고객에게 더 가까이 다가가라.
필요성을 미처 깨닫지도 전에 그들에게 필요한 것을
전할 수 있을 만큼 가까이 다가가라.
—스티브 잡스

솔직히 얘기하자. 마음 한구석이 개운하지 않은 것 같은 기분을 느낀 적이 있는가? 다시 말해 여러분의 서비스나 제품이 잠재력에 비해 판매량이 저조하다는 막연한 좌절감을 느낀 적이 있는가? 현실감각이 있는 사람이라면 "당신이 좋을 대로 무엇이든 내게 팔아라. 나는 당신에게 무언가를 사는 일 이외에는 하고 싶은 일이 없다. 언제든 나를 찾아오라. 돈은 아무 문제가 안 된다."라고 말하는 고객은 그리 많지 않다는 것을 알고 있다.

판매를 이뤄내는 일은 잠재 고객을 만나기 전부터 시작

한다. 바로 여러분의 마음에서부터다. 판매를 제대로 마무리하지 못하는 이유는 고객에게서 거절당할지도 모른다는 두려움 때문이다. 과거에 여러분을 거절했던 사람을 떠올리거나 맞은편에 앉은 사람들이 거절할 것이라고 걱정한다면 이는 과거에 사로잡혀 있다는 것이다. 옛 속담을 빌려얘기하자면 "과거를 현재에 끌어들이지 마라. 그러면 그것이 미래를 파괴할 것이다."

멋진 마무리 적성 검사를 받아라

여러분이라면 여러분 회사의 고객이 되겠는가? 여러분의 제품이나 서비스에 기꺼이 대가를 지불하겠는가? 대답하기까지 얼마나 걸리는지에 답이 담겨 있다. 여러분의 제품 가격에 확신이 없다면 적절한 가격이 아니라고 느끼는 이유를 나열하라. 첫 번째 목록에 적은 항목의 두 배가 될 때까지 여러분의 제품이 소중하다고 생각하는 이유를 나열하라. 이 연습은 기업 소유자와 판매팀 전원에게 매우 중요하다. 이를 다음 영업 회의의 주제로 삼아라.

고객에게 무언가를 전달하려면 그에게 필요한 것이라고 확신하고 두려워하지 않고 집중해서 일을 해야 한다. 앞에 있는 사람을 1대 1로 대하고 그 순간에 집중하며 관계를 맺어라. 고객을 만날 때마다 라포를 형성하는 일에 집중하라. 상대방이 불편함을 느낀다면 여러분을 신뢰할 수 있도록 도와야 한다.

여러분이 제공하는 제품이나 서비스의 가치에 스스로 편안해지고 자신감이 들면 고객에게 그 가치를 전달할 수 있다. 항상 '그것이 고객을 위해 무엇을 할 수 있는지'를 알려라. 고객의 관심사는 바로 이것이다! 여러분이 고객에게 귀를 기울이고 있음을 전달하고 관계를 맺는 한편 제품을 구매하거나 구매하지 않는 것이 생활에 어떤 영향을 미치는지를 알려야 한다.

고객에게 다음과 같이 물어라. "당신이 올해 이 물건을 쓰지 않으면 당신의 현재 상황에 어떤 일이 일어날 것으로 생각하는가?" "5년 후에는 어떤 일이 일어날 것으로 생각하는가?" 그리고 답변을 귀담아들어라. 그러면 잠재 고객이 구매하기 전에 어떤 반론을 제기할지 파악하고 침착하게 대비할 수 있다.

재정적인 장벽을 제거하라

수많은 세일즈맨이 직면해야 할 한 가지 문제는 재정적인 반론이다. 돈과 관련된 문제는 대부분의 사람들에게 어떤 감정을 일으킨다. 사람들은 그만한 가치가 있다는 생각이 들지 않는 한 돈을 쓰려 하지 않는다.

경기 침체기에 치과의사들은 대개 고전을 면치 못한다. 사람들이 치아관리를 반드시 필요한 일이라고 생각하지 않기 때문이다. 오히려 사치에 가깝다고 생각한다. 여러분의 제품이나 서비스를 구매해서 얻을 수 있는 가치를 적절히 알리지 못한다면 마찬가지 일을 겪게 될 것이다. 막연한 미래의 어떤 시점이 아니라 지금 구매해서 얻을 수 있는 가치를 고객이 볼 수 있도록 도와야 한다.

고객에게 다양한 선택을 제공하라

재정과 관련된 반론에 직면했을 때 매우 비싸다고 인식될 어떤 품목을 선불로 전액 결제하라고 요청한다면 최악의 상황이 벌어질 것이다. 여러 가지 유연한 결제 방식을 마련해서 고객에게 다양한 선택을 제공하라(결제 방식을 제시하기에 앞서 항상 규정을 확인하라). 여러분이 제품이나 서비스 가격을 고객의 월별 예산에 맞추기 위해 노력할 것임을 강조하라. 여러 가지 결제 방식을 마련하면 고객에게 선택할 기회를 제공할 수 있다. 한 가지 방식만 제시한다면 고객이 선택할 수 있는 반응은 "예." 아니면 "아니오."뿐이다. 그들은 흔히 후자를 선택할 것이다. 고객이 직접 결제 방식을 선택할 기회를 주어라. 로널드 레이건이 말했듯이 "누가 공로를 인정받는지에 신경 쓰지 않을 때 인간이 성취할 수 있는 것은 실로 놀랍다."

팀원들에게 권한을 부여하라

멋진 마무리에 성공하려면 질 좋은 제품이나 서비스, 훌륭한 상품 설명, 결제 방식만으로는 부족하다. 팀원 전원에게 성공에 대한 책임을 맡겨라. 팀원들에게 고객을 기쁘게 할 권한을 부여하라!

이따금 거래를 마무리할 때 가장 노련한 세일즈맨이라도 좌절을 맛본다. 잠재 고객의 거절을 개인적인 감정으로 받아들이지 마라. 거절은 지금은 안 된다는 의미일 뿐 영원한 거절을 의미하지 않는다는 사실을 잊지 마라. 에이브러햄

링컨이 말했듯이 "무엇보다 성공하겠다는 여러분의 결심이 더 중요하다는 사실을 항상 마음에 새겨라."

멋진 마무리를 위한 원칙을 써보자

이 장에서 살펴본 대로 가정에서나 직장에서 실천하기로 결심한 세 가지 원칙을 목록으로 작성하라.

1. _____

_____

_____

2. _____

_____

_____

3. _____

_____

_____

실천 단계를 작성한 다음에는 여러분의 우선순위에 맞춰 재배열하라.

9장

사소한 실수가
순이익에 큰 영향을 미친다

여러분이 통제할 수 있는 일에 집중하라.
여러분이 통제할 수 없는 일이란 존재하지 않는다.
—잭 댈리, 기업가 겸 세일즈 코치

"눈길만 주어도 많은 것을 볼 수 있다."

유명 야구 선수이자 코치인 요기 베라Yogi Berra가 한 말이다. 역대 최고의 명언으로 손꼽힌다. 변화의 속도에 뒤처지지 않기 위해 온갖 노력을 다하느라 너무 바쁜 나머지 회사에 그저 '눈길만 줄' 시간조차 내지 못하는 기업가가 많다. 자사의 순이익에 중대한 영향을 미칠 수 있는 단순한 일을 놓치는 경우도 비일비재하다. 기업 소유주는 적자와 흑자에 영향을 미칠 몇 가지 일반적인 실수를 저지르지 않도록 자신을 돌아보는 시간을 가져야 한다.

다음은 총수입 관련된 것으로 흔히 일어날 수 있는 6가지 실수이다.

수익성에 초점을 맞추지 않는다

기업가는 직원들에게 매출 목표를 정하는 경우가 많다. 그러나 총수입의 관점에서 보면 맞지 않는 경우이다. 즉 매출만 보는 것이 아니라 수익을 올려주는 고객을 분석해야 한다. 지난해의 모든 고객을 분석해보라. 어떤 고객이 가장 많은 총수입을 올렸는가? 회사에 가장 많은 수입을 안겨주는 고객 수를 높이겠다는 목표를 세워라. 매출액이 아니라 수익성에 초점을 맞추어야 한다.

제품 가격을 유연하게 책정하지 못한다

많은 기업이 고객에게 자사 제품을 판매할 때 제품이나 고객이 인식하는 제품 가격과는 상관없이 흔히 자사에서 제공하는 모든 제품에 표준 마크업*을 이용한다. 제품을 생산하기 위해 지불하는 도매가격의 두 배를 그냥 가격으로 정하기도 한다. 그렇다고 해서 나쁜 기업이라는 의미는 아니다. 하지만 나는 표준 마크업에 맹목적으로 의존하지 말라고 권한다. '상품화 기술'이란 고객이 생각하는 제품의 가치를 토대로 제품의 판매 수익을 극대화할 능력을 의미한다.

시장 세분화를 이용하지 못한다

모든 고객이 똑같은 서비스 전달 방식을 원하는 것은 아니다. 고객과 기업 사이의 커뮤니케이션이 점점 고객 중심적으로 변화함에 따라 부가 '가치' 서비스를 고려해야 한다. 그러면 고객이 원하는 것을 효과적으로 전달할 수 있다. 다양한 세분화된 시장에 진출할 수 있는 몇 가지 방안이 있다. 업무 시간을 분석하라. 유치하고 싶은 고객이 가장 좋아하는 시간을 파악하라. 이를테면 노인들은 일반적으로 아침 시간을 좋아하는 반면 취학 아동을 둔 어머니들은 하교 전

---

* 상품의 판매가에서 들여온 원가를 뺀 액수 즉 원가를 제외한 이윤

시간을 좋아하며 육체노동자들은 퇴근 후에 쇼핑하기를 좋아한다. 아울러 여러분의 서비스를 결합할 방식을 검토하라. 제품과 서비스를 창의적으로 결합해 다양한 세분화된 시장을 유치할 수 있다.

이런 방식으로 변화하면 완전히 새로운 고객에게 여러분의 회사를 소개하는 데 효과적이다.

체계적인 마케팅을 하지 못한다

사업의 매력 중 하나는 직접 개발한 제품이 실제로 출시될 수 있다는 사실이다. 그러다 보니 기업 소유주들이 실수를 저지르기 쉽다. 여러분과 직접적인 영향권에 속한 사람들만 회사를 알고 있는 경우가 있다. 여러분이 회사를 키우기보다는 계획하는 데 시간을 많이 보냈다는 뜻이다.

영업시간 가운데 적어도 10%를 마케팅에 투자하라. 전형적인 중소기업의 경우 매주 세 시간 반에서 네 시간을 투자해야 한다. 회사 규모가 커지면 전문가에게 마케팅을 위임하고 나중에는 마케팅 부서를 구성한다. 일상적인 프로세스를 확립하고 매주 업무활동의 자연스러운 한 요소로서 시스템을 만들어 홍보한다.

마케팅 시기를 계획하고 그대로 실행하라. 마케팅 활동의 결과를 정기적으로 평가하고 필요하면 경로를 수정하라.

기존 관계를 발전시키지 못한다

신규 고객을 유치하는 것은 기존 고객으로부터 소개를 받는 것보다 두 배에서 세 배나 더 어렵다. 어떤 방법으로 기존 고객의 가족, 친구, 동료와 관계를 맺고 있는가? 아니면 고객을 얻을 새로운 원천을 찾기 위해 끊임없이 노력하는가? 비즈니스의 성공 비결은 바삐 움직이는 것이 아니다. 영리하게 일해야 한다. 더 돈독한 관계를 맺으면 소개를 많이 해줄 고객은 누구인가? 여러분의 회사를 직접 경험해보고 만족한 고객으로부터 소개를 받기가 훨씬 더 쉽다. 이미 영향력이 확보된 곳에서 시작하라.

회사를 성장시킬 시간을 계획하지 못한다

가장 최근에 회사와 회사를 발전시킬 방법에 대해 진지하게 생각한 적이 있는가? 회사를 발전시키는 문제에 대해 누구와 대화를 나누는가? 사업 능력을 연마하도록 도울 수 있는 기업가 네트워크에 속해 있는가? 결정을 내리는 과정에 도움을 받고 훌륭한 조언을 얻어 시간과 돈과 에너지를 절약할 수 있는 코치나 컨설턴트가 있는가?

안타깝게도 발전에 꼭 필요한 변화를 실행하지 못하고 잠재력을 충분히 발휘하지 못하는 회사가 많다. 매주 적어도 30분 동안 회사를 발전시킬 방안을 고민하라. 지금 하는 일 가운데 효율성을 높이면 성과를 높일 수 있는 일은 무엇인가? 어떤 일이 여러분의 진을 빼고 있는가? 어떻게 하면 활력을 얻어 더 좋은 성과를 거둘 수 있을까? 이와 같은 질문의 해답을 찾으면 더욱 발전하고 흔히 저지르는 실수를 피할 수 있을 것이다.

자사의 총수입을 살펴보고 이런 일반적인 실수를 저질러 수익을 놓치고 있지는 않은지 자문하라. 회사 운영에 필요한 일을 처리하기에 급급해 수익성을 높일 수 있는 단순한 일들을 간과하기 쉽다.

순이익에 초점 맞추기 위한 원칙을 써보자

이 장에서 살펴본 대로 가정에서나 직장에서 실천하기로
결심한 세 가지 원칙을 목록으로 작성하라.

1. _____

   _____

   _____

2. _____

   _____

   _____

3. _____

   _____

   _____

실천 단계를 작성한 다음에는 여러분의 우선순위에 맞
춰 재배열하라.

10장

고객을 감동시키거나
떠나게 만드는 최고의 방법

우리는 자신을 집주인이라고 생각하고
고객을 파티에 초대받은 손님이라고 생각한다.
우리의 임무는 고객에게 좀 더 좋은 경험을 선사하는 것이다.

–제프 베조스, 아마존 창업자

순수익을 올릴 은밀한 공식을 찾는 기업가가 많다. 고객
중심 기업이라면 고객을 유치하고 고객 전환 비율을 개선하
는 것은 생각보다 쉽다. 지금 고객에게 감동을 선사하고 고
객 중심 기업으로 거듭나고자 어떤 일을 하고 있는가?

고객을 위해 하는 일은 물론이고 하지 않는 일까지 고려
해야 한다. 고객 만족뿐만 아니라 여러분과의 거래를 쉽고
독특한 경험으로 만드는 일에 관심의 초점을 맞추어야 한
다. 다음은 고객을 감동시키거나 떠나게 만들 수 있는 7가
지 방법이다.

고객의 짜증을 해소하라

레스토랑에서 오랫동안 기다려야 했던 경험을 돌이켜보라. 그때 무엇 때문에 짜증이 났는가? 어떻게 했다면 그 경험이 바뀌었을까? 고객 중심 기업은 짜증스러운 일이 일어나기 전에 해소한다. 만일 고객이 늘 기다리거나 웹사이트에서 응답이 없어서 불만스럽거나 줄을 서야만 물건을 살 수 있는 회사라면 문제를 바로잡는 일을 우선순위로 삼아야 한다.

팀 회의를 계획하고 우선 여러분의 회사에서 경험한 일에 대한 고객의 의견을 목록으로 작성하라. 각 문제를 검토하고 브레인스토밍을 통해 해결책을 모색하라. 한 가지 해결책이 나오면 팀원들과 역할 연기를 한 다음 반복해서 연습한다. 팀 전체가 친절하게 미소를 지으며 모든 상황에 대처할 방법을 확실히 알아야 한다.

약속을 지켜라

고객에게 지킬 수 없는 약속을 하지 마라. 여러분은 전화 통화 내용, 광고, 웹사이트 정보로써 고객의 기대를 조절한다. 무엇을 약속하고 있는가? 신속한 서비스를 약속하는가? 약속한 기한에 기대한 제품이나 서비스를 받지 못하는 것만큼 고객을 짜증 나게 하는 일은 없다. 단 한 번이라도 약속을 어기는 것은 용서할 수 없다고 생각하라. 그렇지 않으면 회사에 대한 고객의 기대를 충족시킬 수 없다.

신규 고객의 경험을 관리하라

고객이 여러분의 회사에서 얻은 첫 경험은 즐거워야 한다.

고객의 기억에 남는 것은 실제 구매와는 전혀 상관없는 작은 응대나 인사말일 수도 있다. 여러분이 미소를 띠며 고객에게 건넸던 말이나 작은 칭찬이 기억에 남을 수 있다. 또는 고객이 전화를 받는 여러분의 말투나 어조를 기억할 수도 있다. 아니면 눈을 따뜻하게 응시하며 "우리를 선택해주셔서 감사합니다. 당신을 위해 최선을 다하겠습니다."라고 건넨 말을 기억할 수도 있다. 고객이 왜 따뜻하다고 느꼈는지 정확한 이유를 짚어내기는 어렵다. 그러나 중요한 것은 고객의 경험을 즐겁게 하기 위해서 무엇을 해야 할지 생각한다면 좋은 결과로 연결될 것이다.

신규 고객을 확보하라

신규 고객은 대부분 여러분 회사에서 어떤 첫 경험을 할 것인지 매우 궁금해하면서 지금 무슨 일이 일어나는지를 전부 알고 싶어할 것이다. 어떻게 고객의 기대에 부응하는가? 고객을 혼자 남겨두거나 설명도 없이 기다리게 만드는가? 신규 고객이 서비스를 받기까지 기다려야 한다고 판단되면 팀원 한 사람에게 회사를 소개하는 미니 투어를 맡겨라.

특정한 서류 작업이 필요하거나 데이터를 입력해야 한다면 그 과정을 간소화하는 시스템을 시행하라. 그러면 고객과 관계를 맺고 여러분이 제공하는 제품이나 서비스의 혜택을 알리는 일에 즉시 초점을 맞출 수 있다.

즐거워하라

비록 우리가 비즈니스에 종사하지만 모든 일을 심각하게 생각해서는 안 된다. 괴로운 표정으로 바쁘게 이곳저곳을 드나드는 데 통달한 사람들이 있다. 그럼 고객들은 그런 표정으로 정신없이 움직이는 직원들에게 부담을 준다고 생각하고 죄책감을 느낀다. 고객 중심 회사에서는 고객이 우선이며 여러분은 서비스를 제공하면서 대가를 받는다!

본인의 표정을 다시 한 번 생각해보고 고객과 함께 있을 때는 항상 웃는 법을 배워야 한다. 즐겁게 일하며 두려워하지 말고 즐겨라. 그러면 고객이 우리를 따를 것이다. 고객 콘테스트, 특별 행사, 계절별 주제를 선보이는 기업이 많다. 이를 온라인과 오프라인 마케팅에 통합할 수 있다. 여러분과 팀원들이 진심으로 열정적으로 참여한다면 이런 재미있는 행사들이 성공을 거둘 것이다. 팀원 개개인이 고객을 설레게 만들고 참여하도록 권장하는 책임을 맡는다.

회복탄력성을 길러라

인간은 누구나 실수를 저지른다. 실수를 인정하고 사과하며 바로잡는 것이 고객 중심 서비스이다. 실수를 은폐하거나 심지어 다른 사람을 탓하는 일은 없어야 한다. 사람들은 주변에서 무슨 일이 일어나고 있는지를 정확하게 인식한다. 진지하게 행동하라. 그러면 고객들은 서비스를 개선하기 위해 노력하는 모습을 보고 여러분을 더욱 존중할 것이다.

새로운 고객이 예고도 없이 여러분을 방문한 적이 있는

가? 이런 경우 "미안하지만 다음에 다시 와달라."라고 말하는가? 여러분의 목표가 언제나 새로운 고객을 감동시키는 것이라면 고객이 편할 때 불쑥 찾아와도 무방하도록 최선을 다해야 한다. 이미 다른 고객을 대하고 있는데다가 할 일이 태산같이 쌓여 있을 수 있다. 그러나 찾아온 고객을 돕는 것이 급선무이다.

무엇이든 개선하라

성공적인 다른 기업들의 동향을 지켜보라. 고객 서비스가 훌륭하다고 소문난 기업을 연구하라. 주변을 둘러보면 탁월한 고객 서비스나 부족한 서비스의 사례는 어디서나 찾아볼 수 있다. 관찰하고 배우고 메모하라. 좋은 아이디어는 받아들이고 나쁜 아이디어는 버려라. 어떻게 더욱 발전하고 효율성을 높이고 여러분이 업계 최고라는 사실을 고객에게 알릴 것인가?

고객이 감동할 경험을 제공하려면 팀원들의 노력과 일관성이 필요하다. 어떻게 하면 고객 중심 기업이 되는지 가르쳐라. 고객 중심 기업에서는 고객에게 가장 이로운 것을 토대로 고객 경험의 모든 요소를 결정한다. 어쨌든 알다시피 사람들은 대부분 어렵게 번 돈을 쓰고 싶어 하지 않는다. 여러분은 그들이 돈을 쓰면서 "와, 다음번에는 다른 곳에서 살 생각은 하지 않을 거야!"라고 말하기를 원한다.

고객을 감동시키기 실천 원칙을 써보자

이 장에서 살펴본 대로 가정에서나 직장에서 실천하기로
결심한 세 가지 원칙을 목록으로 작성하라.

1. _____

   _____

   _____

2. _____

   _____

   _____

3. _____

   _____

   _____

실천 단계를 작성한 다음에는 여러분의 우선순위에 맞
춰 재배열하라.

11장

'판매자'의 모습에서 벗어나라

경쟁 회사보다 여러분의 제품을 더 쉽게 구매할 수 있도록 만들어라.
그렇지 않으면 고객은 여러분이 아니라 경쟁 회사에서 구매할 것이다.
—마크 큐반, 기업가 겸 작가

나는 기업가들에게 기업 마케팅 방식에 대해 지도할 때
자신들이 판매 과정을 실행하고 관리하는 데 미숙하다는 불
평을 가장 많이 접한다. 자기 회사에서 제공하는 서비스가
탁월하고 제품이 경이로우니 고객이 당연히 매료되어야 한
다는 듯이 행동하는 사람이 많다. 사실 고객은 여러분에게
구매하기로 결정할 때 대단한 서비스와 결과를 기대한다.
오늘날의 새로운 경제에서는 어떻게 하면 경쟁 회사들 속에
서 두각을 나타낼지를 반드시 알아야 한다.

이제 판매자로 고민할 때가 아니라 구매자처럼 생각해야
할 때가 왔다.

구매자가 통제한다

과거 구매자 위험 부담(구매자 주의 사항)이라는 문구는 경제적 거래의 특징이었다. 하지만 최근 들어 구매자 행동에는 큰 변화가 생겼다. 사람들은 경제가 침체기에 들어가자 제품과 서비스를 구매할 때 더욱 현명하게 결정하는 방법과 돈으로 최고의 가치를 얻기 위해 흥정하는 방법을 배웠다. 30년 전 구매자 다섯 명 가운데 네 명은 새 차를 구매할 때 기존 몰던 자동차와 같은 브랜드를 구매한다. 현재 이 수치는 다섯 명 가운데 한 명으로 줄어들었다.

여러분 회사의 제품과 서비스를 포함해 모든 제품과 서비스의 구매자는 인터넷을 통해 즉시 정보를 얻을 수 있다. 기존 고객으로부터 여러분 회사를 소개받은 고객들조차도 전화로 구매에 대해 문의하기 전에 인터넷으로 여러분의 회사를 검색할 것이다. 그들은 전화를 걸기에 앞서 무수히 많은 선택에 대해 알아보고 여러분의 회사와 경쟁 회사를 실시간으로 비교하며 웹사이트를 참고해서 결정을 내릴 것이다.

핵심 고객에게 초점을 맞추어라

신규 잠재 고객에게 경쟁 회사가 아니라 여러분을 선택하라고 어떻게 설득하겠는가? 우선 여러분의 핵심 고객이 누구인지부터 정의하라. 모든 사람에게 모든 것을 제공하는 회사로 포지셔닝*을 하는 기업가가 많다. 그러다 보니 잡다한 마케팅 메시지를 전달함으로써 잠재 고객이 구매 결정을 내리도록 돕기보다는 오히려 혼란스럽게 만든다.

여러분의 핵심 고객은 어떤 사람인가? 핵심 고객이란 여러분이 전달하는 제품이나 서비스를 구매할 가능성이 가장 높은 사람이다. 마케터들은 보통 몇 가지 변수를 결합해 인구통계학적 프로필을 작성하는 방법으로 핵심 고객을 파악한다. 일반적으로 성별, 인종, 연령, 수입, 교육 수준, 거주 지역 등의 인구통계학적 정보를 이용한다. 이때 인구통계학적 프로필이라는 개념을 한 단계 높여야 한다.

핵심 고객은 그저 인구통계학적 정보의 집합이 아니라 개별적인 인간이다. 핵심 고객과 악수를 나눌 수 있을 정도로

---

* 소비자의 마음이나 인식에서 경쟁 브랜드에 비해 특정 브랜드가 차지하고 있는 위치를 강화하거나 변화시키는 전략

정확하게 그릴 수 있어야 한다. 한 가지 좋은 연습을 소개하면 핵심 고객을 스무 글자 이하로 묘사하는 글을 쓰는 방법이 있다. 나는 의뢰인들에게 핵심 고객의 이름을 말해달라고 요청하곤 한다. 어떤 식으로 이 사람의 니즈, 욕구, 기대를 충족시키고 걱정거리, 근심, 그리고 두려움을 해소시키는지가 마케팅의 성공을 결정짓는 관건이다.

독특한 제안을 하라

어떤 고객이 다른 대안보다 여러분의 회사를 선택하기로 결정한 이유를 여러분의 독특한 제안이라고 일컫는다. "드릴을 원해서 드릴을 구매하는 사람은 없다."라는 말이 있다. 사람들이 원하는 것은 드릴이 뚫을 수 있는 구멍이다. 여러분이 제공하는 제품이나 서비스는 '드릴'이다. 반면 여러분의 '구멍'은 독특한 제안이다. 제품이나 서비스가 고객에게 제공하는 실질적이고 감정적인 혜택인 것이다. 독특한 제안은 여러분의 숨은 자산이지만 마케팅에서는 흔히 이를 제대로 평가하거나 이용하지 않는다.

자사를 경쟁 회사와 차별화시키는 요소는 회사 규모나 수준이 아니다. 달라야 한다. 핵심 고객에게 여러분의 독특

한 제안을 판매할 수 있을 때 비로소 전략적인 우위를 확보
할 수 있다.

잠재 고객은 구매를 진행하면서 네 차례 결정의 순간을
거친다. 지금이 아니면 절대 못한다의 순간, 성공 아니면 실
패의 순간, 지키거나 잃거나의 순간, 증식의 순간이 그것이
다. 핵심 고객이 누구인지 확인하고 구매 과정의 모든 결정
의 순간에 그 사람에게 가장 중요한 것을 전달하라.

첫 만남이 중요하다

지금이 아니면 절대 못한다의 순간은 잠재 고객과 여러분
회사와의 짧은 첫 만남이다. 한 번 놓치면 다시 돌아오지 않
는 순간이다. 이 결정의 순간에 가장 중요한 임무는 잠재 고
객이 온라인과 오프라인에서 여러분의 회사를 좋아하고 신
뢰하도록 만드는 일이다.

고객이 이미 여러분의 제품이나 서비스에 대해 잘 알고
있다는 사실을 명심하라. 회사 웹사이트에서 여러분의 서비
스가 무엇이 다른지를 핵심 고객에게 알려야 한다. 여러분
의 웹사이트와 경쟁 회사의 웹사이트를 나란히 비교하라.
여러분이 핵심 고객에게 전달하는 정보 가운데 여러분의 회

사를 더 선호하게 만들 만한 것은 무엇인가?

고객과의 약속을 지켜라

이 결정의 순간은 고객이 여러분의 사업장에 들어서거나 전화나 온라인으로 판매 과정에 참여할 때 일어난다. 서비스를 전달하고 약속을 지켜야 한다. 여러분에 대한 고객의 신뢰를 지키는 한편 고객이 경쟁 회사가 아니라 여러분의 회사를 더욱 선호하게 만들어야 한다.

하지만 고객의 선호와 충성도를 혼동하지 마라. 충성은 무조건적이고 영원한 헌신이다. 반면 선호는 가치 있는 혜택 때문에 다른 것이 아니라 특정한 한 가지를 선택하는 것이다. 여러분이 고객의 욕구와 니즈를 충족시킨다면 선택할 것이다.

고객의 기대를 넘어서게 서비스하라

고객의 기대를 능가하면 고객의 선호를 지속적으로 지킬 수 있다. 이 결정의 순간에는 고객이 여러분의 제품이나 서비스를 계속 이용할지가 결정된다. 그러려면 고객이 여러분이 제공하는 서비스에서 원하는 혜택을 얻을 수 있다는 사실을 알려야 한다. 여러분이 제공한 경험에 대한 고객의 의견에서 얻을 수 있는 이점은 황금보다 더 소중하다.

고객이 다른 사람에게 칭찬하게 하라

증식의 순간은 여러분이 개인적인 자산을 충분히 쌓아서 고객이 다른 사람에게 소개하거나 칭찬하게 되는 때이다. 이 순간을 확대해 여러분이 고객의 니즈를 충족시키고 고객의 기대를 능가했던 경험을 고객이 친구나 가족과 공유하게 만들어라. 법이 허용하는 한도 내에서 웹사이트와 소셜미디어에 긍정적인 경험과 추천의 말을 실어라. 친구를 소개한 고객에게 보상을 제공하고 이 이야기를 널리 알려라.

마케팅 자원을 핵심 고객에게 집중하고 전략적 우위를 활용하라. 여러분의 독특한 제안을 널리 알려라. 회사의 전 직원이 모든 결정의 순간에 큰 가치를 전달할 수 있도록 준비시켜라. 그리고 그 결과를 평가하고 검토하라.

한 결정의 순간에서 다음 순간으로 넘어갈 때 여러분의 회사에 대한 고객의 선호를 강화할 수 있도록 꾸준히 노력하라. 구매자의 심리에 관한 지식을 활용한 다음 회사가 성장하는 모습을 지켜보라!

'판매자'의 모습에서 벗어나기 위한 원칙을 써보자

이 장에서 살펴본 대로 가정에서나 직장에서 실천하기로
결심한 세 가지 원칙을 목록으로 작성하라.

1. _____

_____

_____

2. _____

_____

_____

3. _____

_____

_____

실천 단계를 작성한 다음에는 여러분의 우선순위에 맞
춰 재배열하라.

12장

판매 시스템으로
지속 가능한 수익성을 창조하라

가격은 여러분이 지불하는 것이다.
가치는 여러분이 얻는 것이다.
−워렌 버핏

나는 판매 파이프라인을 개발하고 유지하는 일이 여러 기업에 만만치 않은 과제라는 사실이 안타깝다. 기업가는 대개 창조(새로운 아이디어를 제시하는 것)의 재능을 타고나지만 실행의 재능은 부족하다.

그렇기 때문에 지속 가능한 수익성을 창조하는 판매 시스템을 실행해 가장 중요한 일(다음번 새로운 아이디어를 개발해 회사의 사명과 비전을 구체화하고 전달하는 일)에 초점을 맞추어야 한다. 성공적인 판매 시스템은 세 가지 요소, 즉 마케팅, 커뮤니케이션, 그리고 교육으로 구성된다.

시장의 스위트 스폿을 확인하라

판매 시스템의 마케팅 요소에는 회사를 꾸준히 홍보해 제품과 서비스에 대한 수준 높은 수요를 창출하는 전략과 전술이 포함된다. 이 과정은 표적 시장을 정하는 일에서 시작된다. 모든 사람에게 모든 것을 제공하려고 애쓰지 마라. 표적 시장을 정하지 않으면 에너지와 자본을 낭비하게 될 것이다. 모든 사람에게 모든 것을 제공하려고 노력하다 보면 결국 아무에게도 아무것도 전달하지 못할 것이다! 여러분의 회사에 완벽하게 어울리는 고객들을 표적 시장으로 삼아야 한다.

한 가지 비유를 들어보자. 골프채에는 '스위트 스폿'이 있다. 골프채의 스위트 스폿으로 골프공을 치면 일직선에 가까운 궤도로 가장 먼 거리까지 공을 날려보낼 수 있다. 그러면 골프 선수가 스윙의 결과를 정확하게 예측하는 데 도움이 된다. 비즈니스에서는 시장 스위트 스폿을 확인하면 활동의 효율성을 높일 수 있다.

시장 스위트 스폿은 고객의 인구통계학과 사이코그래픽

스*의 교차점에 위치한다. 인구통계학이란 여러분의 서비스에 관심이 있는 사람에 관한 연구이다. 이를테면 연령, 수입, 성별, 지역, 교육 수준 등의 범주가 포함된다. 사이코그래픽스는 사람들이 왜 여러분의 서비스에 관심을 두는가라는 질문에 해답을 제공한다. 이 해답을 여러분의 가치 전제라고 일컫는다.

가치 전제를 전달하라

고객에게 제공하는 제품과 서비스에 여러 가지 방식으로 가치를 부여할 수 있다. 이를테면 서비스를 전달할 때 드는 비용을 토대로 가치를 부여한다. 경쟁 회사가 유사한 제품과 서비스의 가격을 어떻게 책정했는지를 토대로 삼을 수도 있다. 자사 서비스에 일반 고객이 지불할 수 있는 능력을 평가해 가격을 책정하는 기업도 있다. 그런데 고객은 어떤 식으로 여러분의 서비스에 가치를 부여하는지 생각해본 적이 있는가?

---

* 시장을 분류할 때 쓰이는 소비자의 생활양식 측정 기술

판매 시스템의 커뮤니케이션에는 구두든 서식이든 상관없이 가치 전제를 전달할 목적으로 기업에서 보내는 모든 메시지가 포함된다. 가치 전제란 여러분이 제공하는 서비스가 고객에게 새로운 능력을 제공함으로써 그들의 생활에 미치는 영향을 뜻한다. 이를테면 고객은 여러분의 서비스를 통해 생산성을 높이거나, 여가 활동을 즐기거나, 스트레스를 처리하거나, 인간관계를 개선할 수 있다.

현재 고객이 겪는 근본적인 문제를 해결할 방법을 전달하라. 그렇지 않으면 고객으로 하여금 여러분의 제품이나 서비스를 구매하도록 동기를 부여할 수 없다. "당신이 나를 위해 어떤 문제를 해결할 것인가?"라는 고객의 질문에 답하라. 고객이 지금껏 여러분과 거래하기로 선택한 이유는 바로 이 질문에 대한 해답이다.

마케팅 세계에는 "관계가 언제나 거래를 이끈다."라는 말이 있다. 고객에게 공감하며 고객의 문제를 해결한다는 태도로 관계를 맺어야 한다. 감정적으로 중립을 지키면서 누군가에게 여러분의 제품이나 서비스를 구매하도록 유도할 수는 없다. 개인적으로 다가가야 한다.

고객의 근본적인 문제를 밝히는 한 가지 확실한 방법이 있다. 원하는 것이 무엇인지 고객에게 직접 물어라. 고객은 자신의 문제를 해결하는 서비스를 제공한다면 기꺼이 구매할 것이다.

예비 질문을 제시하라

판매 시스템의 교육적인 요소를 이용해 구매를 결정하도록 유도할 수 있다. 모든 제품과 서비스의 구매자는 두 가지 중대한 실수를 저지를까봐 두려워한다. 첫째, 그들이 내린 결정이 최선이 아닐까봐 두려워한다. 둘째, 가장 유리한 결제 조건으로 구매하지 못할까봐 두려워한다. 경쟁이 치열한 오늘날의 시장에서는 더 현명한 구매자일수록 더 유리한 조건으로 거래한다.

고객은 자신의 결정을 검증받고 싶어한다. 그것이 최고의 가치를 얻을 수 있는 최고의 결정이라는 증거가 필요하다. 구매자는 구매하고 싶어하지 않는다는 사실을 명심하라. 그들이 원하는 것은 문제의 해결책이다. 여러분의 임무는 고객이 결정을 내리도록 돕는 것이다. 그러려면 그들의 문제를 찾아 해결책을 제시해야 한다.

구매자는 여러 가지 원천을 확인한다. 밝혀진 바에 따르면 구매자는 12~15개 데이터포인트의 증언과 증거를 확인한 후에야 결정을 내린다. 전문가는 고객이 결정을 내리는데 필요한 정보를 수집해 쉽게 구매하도록 도움으로써 구매자의 시간과 돈을 보호한다.

전문가의 가치는 판매자보다 높다. 여러분이 전문가다운 모습을 보이지 않으면 판매자로 인식되며 그러면 그에 응당한 대가를 받는다. 다음과 같은 예비 질문을 제시해 스스로 전문가로서 자리매김하라. "어떤 문제를 해결하고 싶은가?" "지금 그 문제를 해결하기 위해 무엇을 하고 있는가?" "어떤 효과를 거두고 있는가?" "다른 선택에 대해서는 어떻게 생각하는가?"

주저하지 말고 경쟁 회사를 언급하라. 경쟁 회사의 이름을 알리라는 것이 아니라 어떤 다양한 선택이 가능한지를 전달하라는 의미이다. 그리고 여러분이 제공하는 것이 어떻게 남다른지 설명하라. "우리에게서 이런 것을 얻을 수 있다"는 사실을 고객에게 전달한다. 여러분이 경쟁 회사와 자사를 차별화할 수 없다면 고객이 대신해서 차별화할 것이다. 고객은 오로지 가격만을 토대로 여러분을 차별화한다.

전략적 계획을 세워라

공식적인 판매 시스템을 서면으로 작성해 기업 전반에 실시해야 한다. 고객이 여러분의 제품과 서비스를 구매하기로 결정을 내리기까지 어떤 단계를 거치는지 파악해야 한다. 각 단계에 세심하게 대비할 전략적 계획을 세워라. 각 단계를 누가 책임져야 하고 언제 완수해야 하며 어떻게 마케팅 표적에 접근하는지를 명시하라. 리더는 부하직원들이 성공을 거둘 환경을 조성해야 한다. 판매 시스템은 재미있어야 한다! 열정적인 기업문화를 조성하라.

지속적인 수익성을 창출할 수 있는지가 제로성장과 폭발적인 성장을 판가름한다. 훌륭하게 설계하고 시행한 시스템이 지속적인 수익성을 결정한다.

판매 시스템을 만들기 위한 원칙을 써보자

이 장에서 살펴본 대로 가정에서나 직장에서 실천하기로
결심한 세 가지 원칙을 목록으로 작성하라.

1. _____

   _____

   _____

2. _____

   _____

   _____

3. _____

   _____

   _____

실천 단계를 작성한 다음에는 여러분의 우선순위에 맞
춰 재배열하라.

13장

고장 나지 않았다면 고치지 마라!

내 목표는 이제 더 많이 일하는 것이 아니라
할 일을 줄이는 것이다.

–프랜신 제이, 『미스 미니멀리스트』 작가 겸 블로거

개방적으로 변화를 수용하다 보면 모든 변화가 바람직하고 필요하다고 여기기 쉽다. 여러모로 변화가 바람직하거나 필요할 수 있다. 비즈니스에서 구태의연하고 비효율적인 것은 곧바로 무자비하게 경제계의 공동묘지로 보내진다. 과학, 기술, 의료 서비스의 발전은 우리의 삶을 지속적으로 향상시킨다. 세탁기, 냉장고, 휴대폰, 혹은 컴퓨터 없이 지낼 의향이 있거나 지낼 수 있는 사람은 드물 것이다! 따라서 더 좋은 대안이 존재하거나 현재 사용하는 것이 더 이상 효과가 없을 경우에만 진정으로 변화가 필요하다고 할 수 있다.

성공을 실험하지 마라!

나는 언제나 군중을 따르는 것을 싫어했다. 처음으로 회사를 차렸을 때 내 방식대로 성공할 수 있다는 사실을 증명하기 위해 사서 고생했다. 짐작하겠지만 대개 예측할 수 있는 결과를 얻었다. 결국 기가 잔뜩 죽은 채로 내 방식이 옳다는 사실을 증명할 수 있는 다음번 기회를 기다려야 했다! 창의적이고 고집스러운 것이 꼭 나쁜 것은 아니다. 역사를 돌아보면 모든 위인에게는 이런 특성이 있었다. 어쨌든 창의성은 발명의 어머니이며 모든 발전에 반드시 필요하다. 하지만 비즈니스 세계에서는 고장 나지 않았다면 고치지 마라! 성공을 실험하지 마라!

내 말을 오해하지 않기 바란다. 창의성은 물론 마케팅의 한 요소이다. 사실 대성공하는 마케터와 2류 마케터의 한 가지 중대한 차이점은 창의성이다. 하지만 대성공하는 마케터는 창의성을 이용해 새롭고 흥미로운 광고를 만들지만 광고를 만들 때는 입증된 규칙들을 엄격하게 따른다.

여러분이 원하는 목표가 무엇이든 상관없이 성공의 비법은 두 가지뿐이다. 첫째, 실수를 받아들이고 실수에서 배워라. 둘째, 성공한 사람들을 연구하고 배워라.

성공적인 회사 운영 방식을 배워라

나는 창의성을 타고났다. 평생 창의성을 추구하며 살았다. 창의성을 발휘할 수 있는 일이 아니면 만족스럽지 않다. 내가 생각하기에 창의성은 기업의 가장 매력적인 한 측면이다. 하지만 나는 사업 초창기의 경험을 통해 성공 비결을 깨닫고 수용하게 되었다.

나는 첫 번째 회사를 시작할 때 팀원들이 능력을 최대한 발휘하기에 가장 적합하다고 믿었던 기술과 장비를 도입했다. 내 비전을 지지할 독특한 시스템을 개발했다. 경쟁력을 확보하기에 가장 효과적이라고 생각되는 창의적이고 경이로운 소프트웨어와 도구와 자료를 신문과 잡지에서 찾아서 회사가 차고 넘칠 만큼 가득 채웠다. 매일 영감을 불어넣는 아름다운 것들로 둘러싸인 책상에서 일했다. 근사했다! 하지만 한 가지 매우 중대한 문제가 있었다. 회사를 지탱할 만한 수입이 없었다.

어쩌다 기회가 와서 사람들이 우리에게 무슨 일을 하느냐고 물을 때면 할 수 있는 일을 설명하고 내 지식과 전문 기술을 이용해 도울 기회가 온다면 뿌듯할 것이라며 열정적으로 대답하곤 했다. 그러면 그들은 정중하게 고마움을 전하면서 전화로 연락하겠다고 말했다. 하지만 다시는 그들을 만나지 못했다. 어떤 패턴이 눈에 보이기 시작했다. 가난으로 이어지는 이 길의 어떤 지점에 이르러 마침내 현실이 성큼 다가왔다. 나는 정신이 번쩍 들었다.

성공적인 회사 운영 방식에 대해 되도록 많이 배워야 한다는 사실을 깨달았다! 내 지식과 능력에 자부심을 느끼면서 한밤중에 퇴근할 수 있겠지만 고객을 유치하기 위해 내가 해야 할 일은 고객이 필요하다고 인식하고 기꺼이 대가를 지불할 서비스와 제품을 제공하는 것이었다!

성공은 복제가 가능하다

나는 동종업계에서 효과적인 방법을 발견하고 성공을 거둔 사업가들과 교류했다. 세미나에 참석하는 한편 끊임없이 변화하는 업계의 트렌드에 대해 최신 정보를 제공하는 경영 컨설턴트를 고용했다. 효과적인 아이디어로 회사를 가득 채웠다. 얼마 지나지 않아 회사는 크게 성장하며 수익을 거두었다. 완벽하게 효과적인 새로운 소프트웨어 프로그램, 새로운 고객 홍보, 경영 시스템을 발견하면 두 가지 가운데 한 가지를 선택한다. 즉 그것을 바꾸거나 완전히 그만둔다.

모든 사업가에게 이로울 만한 중대한 교훈을 한 가지 전하고 싶다. 본인이 의도한 방식으로 합리적인 기간 내에 적절한 자원을 투자해서 의도한 목적을 성취할 수 있는 시스템을 시행했는데 시스템을 바꾸어야 한다는 이상야릇한 생각이 든다 해도 부디 고치지 마라. 그것은 고장 나지 않았다! 고장 나지 않았는데 무언가를 고치려 한다면 대개 시간, 에너지, 돈을 낭비하고 원래 상태보다 만족스럽지 않은 결과를 얻는다.

'파레토 법칙'에서 20%에 초점을 맞춰라

파레토 법칙에 따르면 우리가 수행하는 일 가운데 20%가 가장 효과적인 결과를 거둔다. 기업 소유주와 팀원들에게 파레토 원칙은 중요한 20%에 초점을 맞추어야 한다는 사실을 일깨운다. 하루 동안 여러분이 수행한 일 가운데 진정으로 중요한 일은 20%뿐이다. 그 20%에서 결과의 80%가 발생한다. 그 20%를 확인하고 초점을 맞추어라. 일상적인 화재 대피 훈련 때문에 시간이 낭비된다면 초점을 맞춰야 할 20%를 떠올려라. 해야 할 일 목록에 적힌 어떤 항목이 흐지부지해진다면 그것이 20%에 속하는 항목인지 확인하라.

이 책을 읽은 다음 회사를 돌아보라. 여러분이 수행하는 일 가운데 무엇이 최고의 결과를 거두는가? 그런 일들을 목록으로 작성해서 집중적으로 수행하라. 확신컨대 업무 시간 중에 우편물을 열어보거나 이메일에 답장하거나 혹은 인터넷을 서핑하는 일은 목록에 포함되지는 않을 것이다! 반면 (팀원들이 출근하기 전에) 제시간에 출근하는 것은 분명 목록에 실려 있을 것이다. 제시간에 출근하면 팀원들에게 시간을 지키는 것이 중요하다는 강력한 메시지를 전달할 수 있다. 스스로에게 요구하지 않는 일을 다른 사람에게 부탁할 수는 없다.

이 이야기에서 전달하려는 메시지는 명백하다. 누군가는 성공했는데 여러분은 그만큼 성공하지 못했다면 그 사람이 여러분은 모르는 무언가, 혹은 적어도 아직 수용하지 않은 무언가를 깨달았을 가능성이 높다. 창의적인 사람이 되어라. 남다른 사람이 되어라. 하지만…… 고장 나지 않았다면 고치지 마라!

고장 나지 않은 것을 고치지 않기 위한 원칙을 써보자

이 장에서 살펴본 대로 가정에서나 직장에서 실천하기로 결심한 세 가지 원칙을 목록으로 작성하라.

1. _____

  _____

  _____

2. _____

  _____

  _____

3. _____

  _____

  _____

실천 단계를 작성한 다음에는 여러분의 우선순위에 맞춰 재배열하라.

14장

드라마가 없는 성공

기업에는 장기적인 핵심 평가 기준과
단기적인 정밀 초점을 제공하는 평가 기준이 존재한다.
초고속 성장 기업은 장기와 단기의 균형을 맞추는 법을 배운다.
−베른 하니쉬, 앙트레프레너 오거나이제이션트 가젤의 공동 창업자

통계 중심 경영은 최초의 원시인이 동굴 벽에 자신이 사냥한 동물의 모습을 기록했던 때부터 존재했다. 멘토, 동료, 전문 코치로부터 경영 수업을 받은 기업가는 대부분 일련의 생산성 통계 수치를 평가함으로써 회사를 검토한다. 이런 통계 수치에는 일반적으로 신규 고객, 매출, 수입, 수익성이 포함된다. 일부 기업 소유주는 평균 판매 가치, 불발로 끝난 판매 기회 횟수, 투자 대비 마케팅 수익, 그 밖의 모든 평가 기준을 주시한다.

물론 이 모든 영역이 기업의 성공에 중대한 영향을 미친

다. 하지만 오로지 통계를 토대로 기업을 운영한다면 이는 백미러를 보지 않고 운전하는 것이나 다름없다. 기업 통계 수치에서는 회사가 어디로 향하는지 그리고 앞으로 방향을 바꾸려면 당장 어떤 변화를 감행해야 하는지에 대한 정보를 좀처럼 찾기 어렵다.

당신의 우선순위는 무엇인가?

한꺼번에 여러 가지 통계 수치에 초점을 맞추면 오히려 성공에 방해될 수 있다. 경영의 대가 스티븐 코비에 따르면 기업이 현재 초점을 맞추는 우선 업무가 세 가지가 넘을 경우 모든 영역에서 탁월한 성과를 거두기 어렵다. 반면 세 가지 이하의 우선 업무에 초점을 맞출 경우에는 모든 영역에서 탁월한 성과를 거둘 가능성이 거의 100%에 이른다. 네 가지 우선 업무에 초점을 맞추면 두 가지에서는 탁월한 성과를 거두는 반면 두 가지는 목표에 미치지 못할 것이다. 아울러 코비는 다섯 가지 이상의 우선 업무에 초점을 맞추면 한 가지에서는 탁월한 성과를 거두겠지만 나머지 영역에서는 목표에 미치지 못할 것이라고 말했다. 통계에 관한 한 적은 것이 훨씬 더 좋다!

그렇다면 성공에 가까워지고 있는지 아니면 불발로 끝날 것인지를 미리 판단하려면 무엇을 측정해야 할까? 지나치게 많은 일을 한꺼번에 처리하지 마라! 뷔페에서는 한 가지 음식을 선택하기가 어렵다! 움직이는 모든 것을 측정하지 마라. 움직이고 싶은 것만 측정하라. 핵심성과지표KPI의 평가 기준에만 초점을 맞추어라. 이 평가 기준에는 세 가지 측정 가능한 결과 가운데 두 가지가 포함되는데 이 기준을 토대로 삼아 팀에 기대하는 목표와 그들이 올바른 방향으로 향하고 있는지를 판단할 수 있다.

핵심성과지표에 초점을 맞추어라

그렇다면 어떤 식으로 핵심성과지표를 결정하는가? 현재 측정하는 통계 수치를 검토하라. 만일 통계 수치를 평가하지 않는 회사라면 이 과정을 효과적인 출발점으로 삼을 수 있다. 다음과 같이 자문하라. '우리 회사 업무 가운데 내가 밤잠을 설치며 고민하게 되는 두세 가지 영역은 무엇인가?' '불이 붙은' 상태라 관심을 기울여야 한다고 육감적으로 판단할 수 있는 영역은 무엇인가? 육감에 귀를 기울여 무엇이 중요한지 판단하고 그것을 평가하라.

드라마 같은 갑작스러운 상황의 반복은 기업의 우수함과 성장 동력을 방해하는 요소이다. 통제할 수 있는 통계 수치를 주시하지 않으면 불이 날 때마다 불을 끄기에 급급해서 관심의 초점을 끊임없이 옮겨야 한다. 가장 최근에 일어난 위기를 얼마나 훌륭하게 처리했는지에 따라 에너지와 자신감이 오르락내리락한다. 여러분이 지금 취하는 조치가 성공을 거두는지를 판단할 만한 측정 가능한 수치가 필요하다. 감정에 휘둘리지 않도록 객관적인 '성공 기준'을 수립하라.

성공 기준을 이용하면 목표를 기준으로 여러분이 어떤 성과를 거두었는지 알 수 있다. 특정한 분야에서의 등락을 알 수 있다. 적절한 성공 기준을 설정하라. 성공 기준은 이전 3개월 동안 측정한 핵심성과지표의 평균 성과 수준이다. 이 방식을 이용하면 성공 기준을 여러분의 현재 성과에 맞춰 항상 업데이트할 수 있다.

핵심성과지표의 대시보드를 만들어라

핵심성과지표 평가기준을 나타내는 성공 기준 대시보드를 만들어 적절한 목표를 세울 수 있다. 자동차 대시보드의 척도가 성능을 추적하듯이 핵심성과지표 대시보드를 시각적인 포맷으로 만들면 기업의 성과를 추적하는 데 효과적이다. 대시보드를 이용해서 성공 기준을 중심으로 성과를 평가할 수 있다. 대시보드를 신호등 색상으로 만들어라. 빨간색은 실패, 노란색은 개선, 그리고 초록색은 목표를 의미한다. 좀 더 짙은 초록색을 추가해 목표를 능가한 성과를 표시하라. 예컨대 신규 고객 계정 목표가 매월 30개라면 30개는 초록색이고 30개 이상은 짙은 초록색이 될 것이다. 팀이 짙은 초록색을 성취하면 '액셀러레이터 보너스'를 제공하라.[*]

만일 여러분의 회사가 초기 성장 단계에 있다면 이는 모든 사람에게 '주업'이 있다는 뜻이다. 여러분이 『포천』 선정 500대 경영자처럼 특별 프로젝트를 일단의 직원에게 위임할 수 있는 위치가 아니라면 여러분의 성공은 핵심성과지표를 향상시키기 위해 노력하는 팀원 개개인에게 달려 있다.

팀원 전체가 접할 수 있는 구역에 대시보드를 게시하라. 매주 대시보드를 검토하고 핵심성과지표의 색상을 주시하며 에너지를 쏟아 성공을 거둘 방법을 결정한다. 팀원들에

---

[*] 핵심성과지표에 대해 더 궁금한 점이 있다면 베른 하니쉬의 『록펠러의 습관 마스터하기: 성장하는 기업의 가치를 높이기 위해 해야 할 일Mastering the Rockefeller Habits: What You Must Do to Increase the Value of Your Growing Firm』을 참고하라.

게 여러분을 만나기 전에 대시보드의 상태로 검토하라고 지시하라. 그러면 대시보드를 보고하기보다는 문제를 해결하는 데 대부분의 시간을 투자할 수 있다. 면담할 때는 누가 무엇을 언제까지 수행해야 하는지에 초점을 맞추어라. 두 번째 면담에서 첫 번째 면담과 성취하지 못한 일에 대해서 이야기하지 마라. 뛰어난 기업은 매주 면담을 통해 문제의 해결책을 모색하는 한편 결과를 향상시키려면 어떤 활동에 초점을 맞추어야 할지 결정한다.

'내가 무엇을 할 수 있는가?'를 자문하라

기업은 인간이 아니지만 그곳에서 일하는 팀원들은 인간이다. 대시보드의 핵심성과지표를 움직이려면 팀원 개개인의 개인적인 책임이 요구된다. 행동 단계를 글로 적어라. 행동 단계는 팀원 개개인이 핵심성과지표를 향상시킬 목적으로 해당 주에 중점적으로 노력하겠다는 약속이다. 개인별로 구체적으로 행동 단계를 적어라. 예를 들어 신규 고객이라는 핵심성과지표라면 다음과 같이 개인 목표를 정할 수 있다. "나는 매일 적어도 기존 고객 두 명에게 소개를 부탁하기로 약속한다." 책임을 물으려면 기본적으로 누가 무엇을 언제까지 수행하기로 약속했는지 파악해야 한다.

우선순위에 초점을 맞추어라

핵심성과지표는 여러분의 팀을 같은 방향으로 이끈다. 명심하라. 글로 적지 않으면 목표를 성취할 수 없다. 팀원들에게 개인의 책임을 적으라고 지시하라. 그러면 짙은 초록색으로 비상하는 회사의 모습을 목격하게 것이다!

드라마 없는 성공을 위한 원칙을 써보자

이 장에서 살펴본 대로 가정에서나 직장에서 실천하기로
결심한 세 가지 원칙을 목록으로 작성하라.

1. _____

_____

_____

2. _____

_____

_____

3. _____

_____

_____

실천 단계를 작성한 다음에는 여러분의 우선순위에 맞
춰 재배열하라.

15장

왜 멘토링이 중요한가

다른 사람들에게 진정한 동기를 부여하려면 두 가지가
필요하다. 첫째, 그들의 동기와 소망, 추동 요소를 발견하라.
둘째, 진심에서 우러나와서 진정으로 관계를 맺고 지원하라.
―라쉬드 오군라루, 작가 겸 코치

본인의 능력을 향상시키겠다는 목표를 공유한 사람들이
최초로 모임을 만들었을 때부터 멘토링이 존재했다. 제빵에
서부터 성당 건설에 이르기까지 생활과 상거래의 여러 분야
에서 세대를 거쳐 기술과 지식을 전달하는 주된 방식은 학
생과 스승의 도제 교육이라는 시스템이었다. 제자에게 조언
을 전하는 더 지혜로운 스승의 지속적인 유산은 종교 조직
과 고등 교육 기관부터 직장에 이르기까지 여러 방면에서
사회의 근간을 형성한다.

멘토링이 중요하다

점점 복잡해지는 오늘날의 세상에서 멘토링은 그 어느 때 보다 중요할 것이다. 멘토링은 개인이 변화를 경험하고 새로운 기술을 개발하며 인간관계와 문제에 더욱 현명하게 대처하는 방법을 배우는 대단히 효과적인 방법이다. 바람직한 멘토링 관계는 회사와 직원들에게 모두 이롭다. 멘토링을 통해 비즈니스 세계에 첫발을 내딛는 새내기 졸업생들이 성공적으로 경력을 쌓을 수 있을지를 점칠 수 있다.

멘토링을 받으면 새내기 졸업생들이 어마어마한 돈과 시간을 투자해 회사를 설립할 때 실수를 저지를 가능성이 줄어든다. 또한 멘토링은 미지의 대상에 대처할 때 받는 스트레스를 줄여준다. 노련한 기업가가 멘토링 관계에 참여하면 직원들의 이직률이 낮아지고 충성심이 높아진다. 그뿐만 아니라 기존 기업에서 멘토링은 유능한 직원들을 놓치지 않고 보유하는 한편 신입 사원과 장기 근무 직원을 훈련시키는 데 도움이 된다.

기업을 성장시키려면 수많은 변화에 대처해야 하지만 연수 강좌와 워크숍에 정기적으로 팀원 전원을 파견해 능력을 향상시킬 만한 시간이나 자금이 없다. 팀을 훈련시키고 그들이 변화의 속도를 앞지르도록 돕기를 원한다면 멘토링이 가장 효과적인 방법이다.

멘토링 성공률을 높여라

멘토링에서 얻을 수 있는 혜택이 매우 확실하기 때문에 급하게 경영 코치나 컨설턴트와 공식적인 멘토링 관계를 맺는 기업가가 많다. 하지만 그러다 보면 지원 부족, 어설픈 실행, 잘못된 멘토와 멘티 구성 등 몇 가지 이유로 말미암아 결국 좌절할 수 있다. 실패할 수 있는 원인은 다양하나 몇 가지 조치를 통해 멘토링의 성공률을 높일 수 있다.

무엇보다 모든 멘토링 프로그램에는 멘티, 즉 기업 소유자와 팀 리더, 부하직원이 멘토링에 참여할 의사를 명확하게 밝혀야 한다. 여러분의 멘토, 여러분, 그리고 팀원들이 그 관계에 시간과 에너지를 투자하기로 동의해야 한다. 멘토링이 중요하다는 사실을 리더가 명확히 전달하지 못한다면 모든 사람이 동의하지 않을 것이다.

멘토링에 팀을 참여시켜라

아무리 멘토가 원대한 계획을 세운다 해도 여러분과 팀원들이 동의하고 참여하지 않는다면 성공하지 못할 것이다. 팀원들이 시간과 에너지를 투자해 프로그램을 지원하지 않으면 멘토는 멘토링에 전념하지 않을 것이고 여러분의 회사에 충분히 관심을 기울이지 않을 수 있다. 이런 경우가 특히 위험하다. 연구결과에서 멘토가 전념하지 않으면 멘토가 없는 경우보다 직원들의 사기와 직원 보유율에 오히려 나쁜 영향을 미칠 수 있는 것으로 나타났기 때문이다.

공식 멘토링 프로그램을 실시할 때 기업가가 직원들에게 참여를 강요한다면 이는 가장 큰 실수이다. 이를테면 보상이나 보너스 시스템을 이용할 수 있다. 하지만 참여를 의무화하는 방법은 바람직하지 않다. 팀원들이 멘토링 프로그램의 목표와 혜택 그리고 그것이 개인의 목표나 부서와 회사의 전략적 목표와 무관하지 않다는 사실을 이해해야 한다. 사람들이 참여하기를 스스로 원해야 한다. 공식 멘토링 프로그램이 효과를 거두려면 회사와 자신에게 이로울 것이라는 팀원들의 믿음이 필요하다.

명확한 기대치를 설정하라

멘토링 프로그램의 발전 상황을 평가하고 그것이 회사에 어떤 가치가 있는지 입증하며 여러분과 팀원들이 여러분의 시간을 효과적으로 활용하도록 이끌어야 한다. 여러분과 멘토에게 모두 이 역할을 완수할 책임이 있다. 양측이 모두 책임져야 한다.

성공적인 멘토링 관계는 체계적인 공식 프로그램을 따르는 것과 프로그램의 방향이 좀 더 유기적인 접근 방식을 따르도록 허용하는 것의 균형을 세심하게 맞추어야 한다. 훌륭한 멘토는 기업의 당면한 니즈와 지속적으로 변화한다는 장기 목표 사이의 균형을 맞춘다. 멘토와 프로그램이 지나치게 조직적이거나 엄격하면 사람들이 좀처럼 뛰어난 성과를 거두고 발전할 수 없다.

가장 성공적인 멘토링 프로그램은 모든 관련자가 그 관계로부터 어떤

- 프로그램 목표와 멘토나 멘티에 대한 기대치의 명확한 설명
- 멘토와 멘티의 신중한 선택과 연결
- 관계의 성공 여부에 함께 책임지는 멘토와 멘티
- 시작, 중간, 종결의 스케줄

결과를 기대하며 얼마나 많은 시간을 투자해야 하는지에 초점을 맞춘다. 공식 멘토링 프로그램이 실패하는 중대한 한 가지 이유는 멘티가 시간을 충분히 투자하지 않기 때문이다. 여러분과 멘토가 함께 공식 스케줄을 정하고 어떤 식으로 얼마나 자주 상호작용할 것인지에 대해 기대를 설정해야 한다. 멘토링을 우선순위로 정하고 꾸준히 참여하겠다고 동의해야 한다.

어울리는 조합을 만들어라

어울리는 조합이 아니라면 멘토링 관계가 성공하지 못할 것이다. 멘토에게 멘티의 니즈를 충족시킬 무언가가 있어야 한다. 멘토링 관계가 성공하려면 두 사람의 성격이 조화로워야 한다. 좋아하지 않는 사람을 발전시켜야 한다면 멘토가 시간, 에너지, 자원, 감정적인 측면을 투자하지 않을 것이다. 심층적인 프로파일링을 이용하는 온라인 데이팅 사이트처럼 어울리는 조합을 만드는 것은 일종의 이하모니eHarmony* 사고방식과 다르지 않다. 짝을 선택할 수 있다면

---

* 온라인 데이팅 사이트

도움이 될 것이다. 멘토와 멘티가 모두 서로 도움이 되는 관계를 맺고 있다고 느껴야 한다.

멘토링 네트워크를 확장하라

공식 프로그램에서만 멘토링을 진행하는 것은 아니다. 이런 프로그램 밖에서 진행되는 멘토링이 많다. 크게 성공한 사람들이 적어도 한 명의 멘토를 두고 있는 현재 추세로 볼 때 이는 바람직한 일이다. 삶의 다양한 시점뿐만 아니라 동시에 여러 삶의 분야에서 여러 멘토가 필요하다. 지인들의 네트워크를 탐색해 잠재적인 멘토에게 직접 접근하면 가장 큰 성과를 거둘 수 있다.

이 과정을 멀티플 멘토링 Multiple Mentoring이라고 일컫는다. 개인 자문 위원회를

긍정적인 멘토링 경험의 구성 요소

멘티 주도적인 멘토링

멘티가 자신의 니즈를 파악하고 대처하기로 결정해야 한다.

비밀 유지

양측이 멘토링 관계 밖에서는 알려지지 않을 것이라는 믿음을 가지고 힘들었던 경험과 지식을 믿고 공유할 수 있어야 한다.

시간 투자와 의제

명확하고 체계적인 의제를 정하고 만날 시간을 정하라.

구성함으로써 멘토링 과정에 대한 이 다면적인 접근방식을 택하라. 과거 기업 소유주는 일상적인 기업 운영에 초점을 맞추었지만 오늘날 기업 소유주들은 과거 어느 때보다 기업가로서 수행해야 할 역할이 많다. 매우 유능한 멘토와 전문가로서 이런 노력을 지원할 수 있는 자문 위원회를 구성하라. 다시 말해 리더, 운영자, 기업가로서 여러분의 역할을 지원할 멘토링 관계를 맺어라. 경영 코치, 재무 설계사, 법률 전문가, 마케팅 전문가 등 전문 코치나 컨설턴트와 멀티플 멘토링 관계를 맺으면 효과적일 것이다.

상호적인 관계를 만들어라

결국 멘토링 관계는 상호적이며 멘토와 멘티에게 모두 이로워야 한다. 멘티로서 기업 소유주와 팀원들은 성공을 가속화할 수 있는 정보와 시스템을 제공하고 책임을 지는 멘토가 있다는 사실에 감사한다. 멘토 입장에서는 멘티들의 모범 사례에서 통찰력을 얻는다. 이 통찰력을 바탕으로 새로운 멘티가 발전하도록 돕고 오래된 문제에 대한 새로운 시각을 얻을 수 있다. 그뿐만 아니라 차세대 기업가들에게 영향을 미칠 기회를 얻을 수도 있다.

멘토링을 위한 원칙을 써보자

이 장에서 살펴본 대로 가정에서나 직장에서 실천하기로
결심한 세 가지 원칙을 목록으로 작성하라.

1. _____

   _____

   _____

2. _____

   _____

   _____

3. _____

   _____

   _____

실천 단계를 작성한 다음에는 여러분의 우선순위에 맞
춰 재배열하라.

16장

또래 자문단이
회사 발전을 돕는다

다른 기업가의 이야기와 경험에는 (사업을 시작하고
회사를 설립하는 방법에 대해) 풍부한 지식이 존재한다.
　─콜린 캠벨, 앙트레프레너위키 · 클럽 도메인즈 공동 창업자

　성공한 기업가의 공통적인 한 가지 특성은 자문을 이용
한다는 사실이다. 이런 사람들은 변호사, 회계사, 경영 컨설
턴트의 도움을 받는 것은 물론이고 신중하게 선별한 자문단
에 참여한다. 전문 지식을 공유하고 비즈니스의 중대한 도
전을 해결할 방법을 모색하고자 또래 자문단에 참여하는 성
공한 기업가들이 많다.

　또래 자문단에 참여하면 비슷한 문제를 겪는 다른 사람
들과 교류할 수 있다. 여러분의 당면 과제와 똑같은 문제를
이미 겪은 사람들을 만나 이야기를 나누면서 그들의 경험
에서 배울 수 있다. 이처럼 같은 입장에 처한 기업가와는 달

리 친구나 가족은 기업 소유주가 일상적으로 겪는 일을 이해하지 못할 수 있다.

지난 몇 년 동안 나는 기업가 조직*이라는 단체에 소속되어 있었다. 전 세계에 지부를 두고 있는 이 단체는 최고의 피어 투 피어 네트워크로 손꼽힌다. 기업가 조직EO 구성원들은 또래 자문단 덕분에 관계와 협력, 인정, 비밀 유지로 구성되는 프로세스를 통해 비즈니스에서 더 크게 성공할 수 있었다고 말한다. 이 프로세스를 자세히 살펴보자.

관계

기업 소유주는 혼자라고 느끼기 쉽다. 믿을 만한 또래로 구성된 집단이 없다면 기업을 경영하는 일은 외로운 싸움이 될 것이다. 특히 파트너가 없는 기업 소유주는 경제 상황이 변화하고 기업 규제가 강화될 때 엄청난 압박감을 느낄 수 있다. 모든 요구 사항에 홀로 대처하고 실행해야 하는 기업 소유주라면 더욱 그럴 것이다. 업무를 분할해서 정복하

---

* 기업가 조직에 대해 더 궁금한 점이 있다면 www.eonetwork.org을 방문하라.

도록 지지하는 또래 집단은 지금껏 훌륭한 변화 관리 테크 닉으로 이용되었다.

협력

또래 자문단에서 여러분이 속한 특정한 공간 내에서는 물론이고 다양한 산업 분야와 배경을 망라해 지인의 범위를 넓힐 수 있다. 아울러 기업에 관한 지식 기반을 다양화할 뿐만 아니라 이해관계가 비슷한 기업과 제휴를 맺을 수 있다. 그러면 서로 소개를 받아 이런 관계에서 특징적으로 나타나는 신뢰가 쌓인다. 또래 집단에 참여하면 일반적으로 기업의 총수입이 증가한다.

인정

기업 소유주는 책임을 져야 한다는 생각에 소심해질 수 있다. 본인의 결정을 재검토하고 싶은 마음이 들기 쉽다. 이때 또래 자문단이 객관적인 시각으로 기업 소유주의 경험을 듣고 조언을 제시하며 지지하는 비공식 이사회의 역할을 담당할 수 있다. 혼자서 상황을 처리할 경우에는 이 같은 객관적인 시각을 얻기 어렵다. 이 자문단이 또래 집단의 지지를 받지 못하고 행동할 때 쉽게 얻을 수 없는 자신감과 안정감을 제공한다. 여러분은 신선한 시각을 얻는 것은 물론이고 새로운 비즈니스 정보와 최고의 비즈니스 프로세스를 배울 수 있다.

비밀 유지

또래 자문단의 성공을 좌우하는 관건은 비밀 유지이다. 개인 생활과 비즈니스에서 가장 어려운 문제를 허심탄회하게 공유하려면 단체 구성원들이 여러분의 사생활과 영업 비밀을 존중할 것이라는 전적인 믿음이 있어야 한다. 이런 믿음을 바탕으로 활력과 생기를 다시 불어넣는 환경이 조성된다. 비밀 유지를 약속한 또래 자문단 이외에 이런 환경이 조성되는 곳은 그리 많지 않다. 내가 속한 기업가 조직EO에서는 비밀 유지 약속을 깨는 구성원은 즉시 추방된다. 나는 기업가 조직EO에서 놀라운 전문지식을 가진 대단한 사람들과 만나 친분을 맺었다. 덕분에 지금껏 그들로부터 개인적인 문제뿐만 아니라 비즈니스 전략과 문제에 대해 조언을 얻었다.

다음은 또래 자문단의 가치를 보여주는 몇 가지 다른 특징이다.

기업가들은 서로에게서 더 빨리 더 잘 배운다

또래 자문단에서는 '성공 과학Science of Success'의 창립자 나폴레옹 힐이 '마스터마인드 원칙mastermind principle'이라고 일컬은 것을 제시하는 일이 한 가지 주된 목표이다. 힐 박사는 마스터마인드 집단 원칙을 다음과 같이 묘사했다. "조화의 정신으로 명확한 목적을 향해 가는 두 명 이상의 지식과 노력의 조화…… 두 정신이 만나면 반드시 제3의 보이지 않는 무형의 힘이 창조된다. 이는 제3의 정신(마스터마인드)에 비유할 수 있다."

마스터마인드 원칙은 또래 집단의 집단 지성이다. 서로 협력하며 공유하면 참가자 개개인의 지혜와 통찰력이 발휘되어 집단 전체에 이로운 다양한 아이디어가 등장한다. 전달자가 자신과 비슷하며 비슷한 고민을 하고 어려움을 겪는다고 생각하면 사람들이 메시지를 듣고 자기 것으로 만들어 태도와 행동을 바꿀 확률이 더 높아진다.

솔직하고 개방적인 태도가 필요하다

또래 자문단의 궁극적인 효과는 개방적으로 솔직하게 공유하겠다는 참가자 개개인의 의지에 좌우된다. 집단 구성원이 개인 생활을 포함해 민감한 문제에 대해 허심탄회하게 이야기할 때야만 비로소 개인과 집단 전체에게 가장 이로울 것이다. 그러려면 이른바 '안전한 공간'이 조성되어야 한다. 이 공간에서 다른 사람의 아이디어에 대한 비판과 부정적인 태도는 용납되지 않을 뿐더러 역효과를 미치는 것으로 생각된다. 집단의 리더는 구성원들에게 신뢰와 존중하는 태도를 권장하고 모든 사람을 배려하도록 이끌어야 한다. 그러면 참가자가 다른 구성원의 부정적인 반응이나 비판이 두려운 나머지 솔직하게 공유하겠다는 약속을 어기는 일은 없을 것이다.

돌이켜보면 개인적으로 내가 가장 효과적으로 배웠던 경험은 또래 자문단에서 형성된 돈독한 관계에서 얻은 것이었다. 집단 구성원이 서로 신뢰하고 진정으로 경청할 수 있는 이해와 인내심을 가지려면 시간이 필요하다. 사람들이 다른 구성원이 말하는 동안에는 판단과 반응을 보류해야 경청할 수 있다. 그래야만 (전달되지 않은 말뿐만 아니라) 전달되는 말이 진정으로 귀에 들어온다.

효과적인 또래 자문단의 한 가지 특징은 일상적인 우정을 능가하는 친밀한 유대감이다. 집단 구성원은 서로 공감한다. 함께 즐기는 것 또한 집단의 유대 형성 과정에 중요하다. 내가 속한 집단은 한 달에 한 번 만나는데 모임이 끝나면 저녁 식사를 함께하면서 이야기를 나누며 한두 차례 호탕하게 웃곤 한다.

다른 업계에서 또래 집단을 찾으면 혜택이 배가 된다

대부분의 기업 소유주는 자신이 몸담은 업계에서 열리는 회담과 세미나와 회의에 참석한다. 내가 발견한 바로는 또래 자문단에 비경쟁 업계의 구성원을 참여시키면 대단히 유익하다. 처음에는 다른 업계에 종사하는 사람이 여러분의 니즈를 충족시킬 만한 지식이 없는 것처럼 보일 수 있지만 다른 업계의 또래들이라도 놀랄 만큼 공통점이 많다. 유능한 기업가가 배우고 성장하도록 도울 수 있는 가장 귀중한 자원은 '이미 겪어봐서 아는' 다른 유능한 기업가들이다. 비슷한 책임, 스트레스, 기회, 성공을 향한 열정을 가지고 있는 이들은 대개 정보와 통찰력을 제공하는 믿을 만한 원천이다. 어쨌든 우리는 기업가이며 자신과 가족과 직원들을 부양해야 할 책임이 있는 자영업자가 느낄 수 있는 고립감과 자기 회의를 물리치기 위해 열심히 노력해야 한다.

또래 집단의 핵심은 베푸는 일이다. 시간과 재능, 전문 지식, 지원을 베풀어야 한다. 아이러니하게도 내가 아는 한 베푸는 것이 기업을 성공시키기 위해 필요한 지원과 정보와 자원을 얻는 최고의 방법이다.

또래 자문단을 만들기 위한 원칙을 써보자

이 장에서 살펴본 대로 가정에서나 직장에서 실천하기로 결심한 세 가지 원칙을 목록으로 작성하라.

1. _____

_____

_____

2. _____

_____

_____

3. _____

_____

_____

실천 단계를 작성한 다음에는 여러분의 우선순위에 맞춰 재배열하라.

17장

준비, 제자리에, 목표!

목표 설정은 보이지 않는 것을
보이는 것으로 바꾸는 첫 단계이다.
–토니 로빈스, 작가 겸 성공 코치

    목표가 왜 필요할까? 목표는 삶의 모든 영역(개인사, 직장, 종교, 가정, 재정 등)에서 방향을 제시하고 여러분이 하는 모든 일에 열정과 추진력을 제공할 수 있다. 목표를 세우지 않는 것은 지도 없이 국토순례를 감행하는 것과 같다. 목적지에 도착할 수 있을지는 모르나 가장 빠른 길을 택하지 못하고 길을 찾느라 힘과 시간을 낭비할 것이다.

어디에서 시작해야 할까?

목표 설정의 첫 단계는 꿈꾸는 것이다. 원대한 꿈을 꾸어라. 한계란 존재하지 않는다. 지나치게 작은 목표를 설정하는 함정에 빠지지 마라. 다음과 같이 자문하라. '실패하지 않는다는 확신이 있다면 무엇을 시도할 것인가?' '성공할 것이라는 확신이 있다면 내 인생에서 무엇을 원할 것인가?' 어린 시절에 그랬듯이 스스로에게 꿈꿀 기회를 허용하라! 마음껏 상상하라! 영감을 주는 목표를 세워라. 자신의 한계에 도전할 만큼 원대한 목표를 세워라. 현재의 한계를 넘어 목표를 성취할 수 있도록 스스로를 응원하지 않는다면 아무것도 이룰 수 없다. 여러분의 잠재력을 충분히 발휘 하려면 소위 '안전한 지대'에서 벗어나도록 용기있게 도전해야 한다.

목표를 명확하게 정의하라

자신의 목표를 정확하게 밝혀라. 목표를 명확하게 정의할수록 달성하기가 더 쉬워진다. 더 많이 자문하고 해답을 모색할수록 목표가 더 명확해질 것이다. 본인이 원하는 정확한 결과를 안다면 성공을 보장할 행동 계획을 세울 수 있다. 이를테면 기업을 매수하거나 설립하겠다고 목표를 세우는 것만으로는 충분치 않다. 마음에 드는 기업을 찾으려면 본인이 원하는 것을 구체적으로 파악해야 한다. 오프라인 회사를 원하는가? 온라인 회사를 원하는가? 고객에게 어떤 서비스를 제공하고 싶은가? 마음의 눈으로 여러분의 목표를 더욱 생생하게 그릴수록 그것을 성취할 경로가 더욱 명확해진다.

S-M-A-R-T 목표를 세워라

목표 설정은 기술이지만 안타깝게도 대개 학교에서는 이 기술을 가르치지 않는다. 연구결과 실제로 목표를 글로 적는 사람은 3%에도 미치지 못하는 것으로 나타났다. 나머지 사람들보다 더 많이 성취하는 사람들 역시 이 3%의 사람들이다. 목표를 훌륭하게 설정하고 성취하고 싶은가? S-M-A-R-T가 여러분이 초점을 맞추어 목표를 성취할 수 있도록 도울 것이다. S-M-A-R-T 목표란 구체적이고Specific, 측정이 가능하고Measurable, 달성할 수 있고Attainable, 현실적이고Realistic, 시한을 정한Timed 목표를 의미한다.

구체적인 목표를 세워라

목표를 성취하려면 집중해야 한다. 막연한 목표에 비해 구체적인 목표를 성취할 확률이 훨씬 높다. 정신을 집중하여 이뤄내려면 구체적인 표적이 필요하다.

성취하고 싶은 것을 정확하게 표현하라. 집중해야 원하는 것을 얻을 수 있다. 여러분의 정신은 목표를 성취하는 데 도움이 될 정보, 사람, 기회를 끌어당기는 자석이다.

측정 가능한 목표를 세워라

사람들은 대개 달성했다는 사실을 확인할 수 없는 목표를 세운다. 목표를 달성하고자 노력하는 과정의 발전 상황을 측정할 구체적인 기준을 수립하라. 발전 상황을 측정하면 성취의 즐거움을 맛보고 목표에 이를 때까지 계속 노력할 힘을 얻을 수 있다. 측정이 가능한 목표를 세웠는지 판단하고 싶다면 다음과 같이 질문하라. '어느 정도의 양이나 수인가? 목표를 성취했는지 어떻게 판단할까?'

달성할 수 있는 목표를 세워라

본인에게 가장 중요한 목표를 확인했다면 실현할 방법을 모색하라. 지혜롭게 단계를 계획하고 일정을 정해서 단계를 실천하면 불가능한 목표가 거의 없다. 갈 길이 멀고 도달할 수 없을 것처럼 보이는 목표가 결국 가까워져서 마침내 성취하게 된다. 그것은 목표가 줄어들어서가 아니라 여러분이 목표를 성취할 만큼 성장하고 발전하기 때문이다. 목표를 글로 적으면 자아상을 확립할 수 있다.

현실적인 목표를 세워라

현실적인 목표는 여러분이 노력해서 성취할 수 있는 세부 목표로 구성된다. 원대하면서도 현실적인 목표를 세울 수 있다. 얼마나 원대한 목표를 세울 것인지를 결정하는 것은 오로지 여러분의 몫이다. 대개 작은 목표보다 원대한 목표를 성취하기가 더 쉽다. 작은 목표는 동기 부여의 힘이 적기 때문이다. 목표를 성취할 수 있다고 진심으로 믿는다면 십중팔구 그것은 현실적일 것이다. 선택권은 여러분에게 있다. 여러분에게 현실적인 목표가 다른 사람에게는 그렇지 않을 수 있다. 여러분이 설정한 세부 목표는 여러분이 믿는 범위 안에 있어야 한다. 세부 목표를 달성한 자신의 모습을 마음속에 그릴 수 없다면 그것을 달성할 수 없을 것이다.

시한을 정한 목표를 세워라

목표를 세울 때는 성취 시한을 정해야 한다. 거금을 받고 매각할 수 있을 정도까지 회사를 성장시키고 싶은데 마감 시한을 정하지 않는다면 그다지 동기를 부여받지 못할 것이다. 너무 먼 미래로 성취 시한을 정하면 미루기 십상이다. 성취 시한을 너무 가깝게 정하면 현실적이지 않을 뿐더러 낙심하기도 쉽다. 일정을 정하면 발전 상황을 꾸준히 지켜보고 평가할 수 있다. 행동 계획을 세우는 것만으로는 부족하다.

효과적인 것과 그렇지 않은 것을 확인하라. 효과적이지 않은 접근 방식이라면 시간을 낭비하지 마라. 접근 방식을 바꾸어라.

여정을 즐겨라

성공적인 삶의 열쇠는 여정을 즐기는 것이다. 목표를 성취하고 나서야 비로소 즐기는 것은 아무런 의미가 없다. 행복해진다는 목표를 성취하기보다는 행복하게 성취하는 법을 배워라. 여러분은 목표를 성취하기 위해 노력하는 데 대부분의 시간을 투자한다. 그러니 과정을 즐겨라. 매일 아침 일어났을 때와 매일 밤 잠들기 전에 목표를 검토하라. 열정, 즉 의미 있는 목표를 세워서 얻는 열정으로 삶을 살기 시작할 때 에너지 수준이 높아지는 것을 발견할 것이다.

시작하라

미루는 습관은 목표를 조용히 죽이는 킬러이다. 목표를 성취할 방법은 행동하는 것뿐이다! 여러분이 수행하는 모든 일에는 명분이 존재한다. 아무리 사소한 행동처럼 보일지라도 궁극적으로는 여러분의 삶에 영향을 미칠 것이다. 현재보다 더 좋은 시기는 없다! 지금 당장 목표를 성취하는 데 도움이 될 수 있는 일을 실행하라. 발걸음을 내디딜 때마다 원하는 삶에 한 걸음 더 가까워질 것이다. "'언젠가'라는 목표로는 '아무 곳'에도 닿지 못한다."라는 속담을 기억하라. 인생을 바꿀 수 있는 시기는 내일이나 모레가 아니라 바로 지금이다. 원하는 미래를 위해 오늘 시간을 투자하라. 여러분에게는 자신의 운명을 창조할 힘이 있다!

목표 설정을 위한 원칙을 써보자

이 장에서 살펴본 대로 가정에서나 직장에서 실천하기로 결심한 세 가지 원칙을 목록으로 작성하라.

1. _____

   _____

   _____

2. _____

   _____

   _____

3. _____

   _____

   _____

실천 단계를 작성한 다음에는 여러분의 우선순위에 맞춰 재배열하라.

긍정적인 변화를 수용할 수 있는 다른 감동적인 명언들

나는 여러분에게 행동하도록 영감을 주기 위해 이 책에서 각 장의 도입부에 명언을 실었다. 이제 여러분과 여러분의 회사가 변화를 수용해 적응하고 성장하며 발전하도록 영감을 주는 열 가지 명언을 더 소개할 것이다.

삶을 향상시키는 것은 우연이 아니라 변화이다.
 −짐 론, 기업가, 작가, 연사

기적은 매일 일어난다. 기적에 대한 인식을 바꾸어라.
그러면 주변 어디에서나 기적이 보일 것이다.
 −존 본조비, 싱어송라이터

사람들은 언제나 시간이 흐르면 모든 것이 변한다고 말하지만
사실 여러분이 직접 바꾸어야 한다.
 −앤디 워홀, 팝 아티스트

무언가가 마음에 들지 않는다면 바꾸어라.
만일 바꿀 수 없다면 여러분의 태도를 바꾸어라.
 −마야 안젤루, 작가 겸 시인

개선하려면 변화해야 한다.

완벽해지려면 자주 변화해야 한다.

　　　−윈스턴 처칠, 영국 총리

낡은 것을 똑같이 반복하는 대가는

변화의 대가보다 더 크다.

　　　−빌 클린턴, 미국 42대 대통령

가장 강하거나 가장 똑똑한 자가 아니라

변화에 적응하는 자가 살아남을 것이다.

　　　−찰스 다윈, 자연주의학자 겸 지질학자

방향을 바꾸지 않으면

결국 지금 향하고 있는 곳에 도착할 것이다.

　　　−노자, 중국 철학자, 도교 창시자

변화하지 않으면 새로운 목표를 성취하거나

현재 상황에서 벗어나지 못할 것이다.

　　　−레스 브라운, 작가 겸 연사

바꿀 수 있는 것은 바꾸어라. 바꿀 수 없는 것은 수용하라.

그리고 수용할 수 없는 것에서는 벗어나라.

　　　−데니스 웨이틀리, 작가 겸 연사

돌파해서 살아남아라

초판 1쇄 인쇄 2019년 11월 4일
초판 1쇄 발행 2019년 11월 11일

지은이 마크 사나
옮긴이 김주민
펴낸이 안현주

경영총괄 장치혁
디자인 표지·본문 최승협
마케팅영업팀장 안현영

펴낸곳 클라우드나인   **출판등록** 2013년 12월 12일(제2013-101호)
주소 우) 04055 서울시 마포구 홍익로 10(서교동 486) 101-1608
전화 02-332-8939   **팩스** 02-6008-8938
이메일 c9book@naver.com

값 15,000원
ISBN 979-11-89430-44-3 03320